KB053718

# 독해력
# 비타민
## 기초편

40회로
완성하는
**독해력**

초등국어
**4단계**

# 독해의 중요성

## 글이란?

글을 잘 읽으려면 '글'이 무엇인지 정확히 알아야 합니다.

글은 중심 내용을 지닌 문단들이 모여 이루어집니다.

문단은 중심 문장과 뒷받침 문장이 조화롭게 이어져

탄생합니다.

문장은 여러 낱말이 어우러져 만들어집니다.

## 독해란?

독해란 글을 읽어 뜻을 이해하는 활동입니다.

낱말의 뜻을 정확히 알고, 문장의 의미와

문단의 중심 내용을 이해한 뒤, 문단 간의 관계를

밝혀내면 글을 제대로 이해할 수 있습니다.

## 독해의 중요성

수학, 과학처럼 독해와 전혀 상관없을 듯한 과목에도

독해는 무척 중요합니다. 책을 읽어 개념을 이해하거나

문제를 풀기 위해서는 글을 읽고 해석하는 능력이 필요합니다.

그뿐 아니라, 텔레비전을 보거나 물건을 고르는 것 같은

사소한 일을 위해서도 독해는 필요합니다.

# 독해는 어떻게 해야 할까?

## 독해의 방법

글을 읽고 문제를 풀 때에는 통독과 정독이 필요합니다.

통독을 통해, 글을 훑으며 전반적인 내용과 주제를 파악합니다.

그리고 정독하면서 글의 구조, 문단의 내용, 문단 간의 관계,

표현 속에 담겨 있는 속뜻 등을 알아봅니다.

## 사실적 독해와 비판적 독해

본문의 내용을 읽으며 그 안에 담긴 정보를 이해하는

독해 방법이 '사실적 독해'입니다.

'비판적 독해'는 글의 내용이나 구성을 파악하면서

앞뒤의 흐름이나 내용의 타당성 등을 비판하는 독해 방법입니다.

## 적극적 독해

독해에서 가장 중요한 것은 적극성입니다. 적극적인 자세로

글을 읽으며, 글의 종류를 알아보고, 구조를 파악하며,

각 문단의 중심 생각을 알아내면 겉으로 드러난 뜻뿐 아니라,

그 안에 감추어진 의미까지 알아낼 수 있습니다.

# 독해력 비타민 기초편 구성

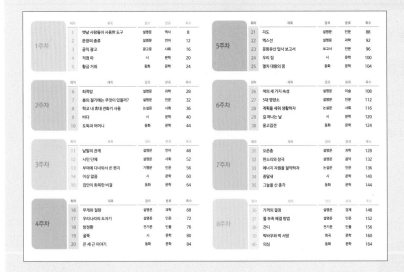
한 주에 5회씩 두 달 동안 학습하도록
40회로 구성하였습니다.

한 주차 안에도 비문학과 문학을
고루 배치하였습니다.
학습자가 다양한 글을 접할 수 있습니다.

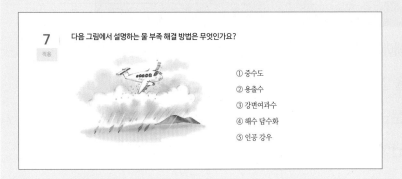

**7** 적용

다음 그림에서 설명하는 물 부족 해결 방법은 무엇인가요?

① 중수도
② 용출수
③ 강변여과수
④ 해수 담수화
⑤ 인공 강우

문제의 출제 의도를 밝혀 두었습니다.
문제가 묻는 바를 익히는 과정입니다.

## 어휘력 기르기
9 문제 가운데 (　　) 문제 맞힘

**1단계** 다음 낱말의 뜻을 찾아 선으로 이으세요.

(1) 세차 •

(2) 조경 •

(3) 하천 •

• ㉠ 차에 묻은 먼지나 흙 등을 씻는 일.

• ㉡ 강과 시내를 아울러 이르는 말.

• ㉢ 경치를 아름답게 꾸밈.

**2단계** 위에서 배운 낱말을 빈칸에 넣어 문장을 완성하세요.

(1) 이 공원은 [　　　　] 이 무척 잘 되어 있어서 우리 식구가 자주 찾는다.

(2) 물이 매우 맑아서 이 [　　　　] 에는 물고기가 많이 산다.

(3) 아버지께서 차가 너무 더럽다며 [　　　　] 를 하러 가셨다.

**3단계** 다음 뜻에 알맞은 낱말을 빈칸에 넣어 십자말풀이를 하세요.

(1) 강이나 호수와 같이 소금기가 없는 물.

(2) 땅 위로 솟아 나오는 지하수.

(3) 대변과 소변을 아울러 이르는 말.

본문에 쓰인 낱말이나 문법을 재학습합니다.

## 40회
틀린 문제 유형을 표시하세요.
제목　내용 파악　추론　주제

**앞부분 내용:** 노마가 구슬 한 개를 잃어버렸는데 아무리 찾아도 없었습니다. 누가 가져간 게 아닐까 하는 생각이 드는 순간, 담 모퉁이에서 기동이를 만났습니다.

"너, 내 구슬 봤니?" / "무슨 구슬 말야?"

"파란 유리구슬 말야." / "난 못 봤어."

그러나 노마는 그 말을 정말로 듣지 않나 봅니다. 여전히 기동이 조끼 주머니를 보고, 두 손을 보고 합니다.

그러다가 노마는 입을 열어 또 물었습니다.

"너, 구슬 가진 것 좀 보자." / "그건 봐 뭣 해."

"보면 어때." / "봐 뭣 해."

하고 기동이는 ㉠ 조끼 주머니를 손으로 가립니다.

정말 기동이가 그 구슬을 얻은 게 것처럼 가졌나 봅니다. 아니면 선선하게 보이지 못할 게 뭡니까.

노마는 더욱 ㉡ [　　　　] 이 났습니다. 그래서,

"내가 잃어버린 구슬 네가 집었지?" / "언제 네 구슬을 내가 집었어?"

"그럼 보여 주지 못할 게 뭐야?"

그제야 기동이는 하는 수 없나 봅니다. "자아." 하고 조끼 주머니에서 구슬을 꺼내 보입니다. 하나를 꺼냅니다. 둘을 꺼냅니다. 셋, 다섯도 넘습니다. 모두 똑같은 모양, 똑같은 빛깔입니다. 노마가 잃어버린, 모두 똑같은 그런 파란 유리구슬입니다.

어쩌면 그중에 노마가 잃어버린 구슬이 섞여 있을 성싶습니다. 그래서 노마는,

"너, 이 구슬 다 어디서 났니?"

"어디서 나긴 어디서 나. 다섯 개는 가게서 사고 한 개는 영이가 준 건데, 뭐."

"거짓부렁. 영이가 널 구슬을 왜 줘?"

"그럼 영이한테 가서 물어봐."

가능한 한 문학 작품의 전문을 실으려 노력하였습니다.

전문을 실을 수 없는 글은 학습자의 이해를 돕기 위해

앞뒤 내용을 요약하여 담았습니다.

# 차 례

먼 옛날, 인류는 두 발로 걷고 두 손을 자유롭게 쓰게 되면서 도구를 만들어 사용했습니다. 도구를 사용하여 사람들의 생활은 편리해졌고, 사회는 발전했습니다.

구석기 시대는 돌이나 동물의 뼈로 도구를 만들었던 시기입니다. 이 시기에는 사람들이 돌을 깨뜨려 날카롭게 만든 도구, 뗀석기를 사용했습니다. 뗀석기에는 주먹 도끼, 찍개, 찌르개, 긁개 등이 있습니다. 주먹 도끼는 물건을 자르거나 땅을 파는 데에 쓰던 도구입니다. 이것으로 동물의 가죽을 벗기기도 했습니다. 찍개는 물건을 찍는 도구로, 나무를 자르거나 동물을 사냥할 때 쓰였습니다. 찌르개는 무엇을 찌르기 위해 날카롭게 만든 돌로, 사람들이 나무 막대 끝에 묶어 사냥하는 데에 사용했습니다. 긁개는 나무껍질이나 동물의 가죽을 벗기는 데에, 밀개는 나무껍질을 벗기는 데에, 뚜르개는 구멍을 뚫거나 옷감을 만드는 데에 사용되었습니다.

신석기 시대에 이르러 인류는 농사를 짓고 **가축**을 기르면서 한곳에 **정착**하여 살기 시작했습니다. 이때부터는 돌을 갈고 다듬어 만든 간석기를 사용했습니다. 땅을 파거나 가는 데에 사용한 돌보습, 그물 끝에 매달아 물고기를 잡을 때에 사용한 돌그물추, 잡초를 캐내거나 땅을 고르는 데에 사용한 돌괭이 등이 모두 간석기입니다. 또 이때부터는 사람들이 흙으로 그릇을 만들어 사용했습니다. 곡식을 저장하거나 물건을 담기 위해 진흙과 모래를 섞어 만든 빗살무늬 **토기**가 신석기 시대의 대표 그릇입니다.

**청동**으로 도구를 만든 시기를 청동기 시대라고 합니다. 청동으로 도구를 만드는 데에는 시간과 노력이 많이 들고, 높은 수준의 기술이 필요했습니다. 그래서 청동기는 아무나 만들거나 가질 수 없었습니다. 그런데 청동은 단단하지 않아 농기구로 만들기에는 적합하지 않았습니다. 그래서 청동기 시대에도 농기구와 같은 생활 도구는 여전히 돌이나 흙, 나무 등으로 만들어 사용했습니다. 청동을 가진 사람들은 돌로 만든 무기보다 훨씬 날카롭고 강력한 청동 무기를 만들어 사람들을 다스렸습니다. 그 결과로 계급 사회가 나타나기 시작했습니다. 청동은 **장신구**나 **제사** 도구를 만드는 데에도 쓰였습니다. 청동기 시대의 대표 도구에는 반달 돌칼, 청동 거울, **비파형 동검** 등이 있습니다.

철기 시대부터는 철로 도구를 만들었습니다. 철은 돌이나 청동보다 훨씬 단단해서 그것으로 더 강력한 무기를 만들 수 있었습니다. 사람들은 철로 만든 무기를 이용하여 전쟁을 일으켰습니다. 또

철은 단단해서 생활 도구를 만드는 데에도 적합하였습니다. 철로 만든 도구를 사용하면서 농업이 크게 발달했습니다. 철로 만든 칼, 창, **투구**, 갑옷 같은 무기와 낫, 괭이 같은 농기구가 철기 시대의 대표 도구입니다.

**가축** 집에서 기르는 짐승. 家 집 가 畜 짐승 축　　**정착** 일정한 곳에 자리를 잡고 삶. 定 정할 정 着 붙을 착
**토기** 흙으로 만든 그릇. 土 흙 토 器 그릇 기　　**청동** 구리(붉은색을 띤 금속)와 주석(은백색을 띤 금속)을 섞어서 녹여 만든 금속. 靑 푸를 청 銅 구리 동　　**장신구** 몸을 곱게 꾸미거나 모양을 내는 데에 쓰는 물건. 裝 꾸밀 장 身 몸 신 具 도구 구　　**제사** 신이나 죽은 사람의 영혼에 음식을 바치어 정성을 나타내는 의식. 祭 제사 제 祀 제사 사　　**비파형 동검** 청동기 시대에 청동으로 만들어진 비파(길이는 60~90cm이며 둥글고 긴 타원형인 동양의 현악기) 모양의 칼. 琵 비파 비 琶 비파 파 形 모양 형 銅 구리 동 劍 칼 검　　**투구** 예전에, 군인이 전투할 때에 머리를 보호하기 위해 쓰던, 쇠로 만든 모자.

---

**1**

제목

빈칸에 알맞은 낱말을 넣어 이 글의 제목을 완성하세요.

옛날 사람들이 사용한 ☐ ☐

**2**

내용
파악

다음 중 구석기 시대에 사용했던 도구가 <u>아닌</u> 것을 고르세요.

① 주먹 도끼　　② 긁개　　③ 찍개

④ 반달 돌칼　　⑤ 찌르개

**3**

내용
파악

신석기 시대에 사용했던 도구에 대한 설명으로 바른 것을 고르세요.

① 돌보습은 땅을 파거나 갈 때 사용했다.

② 돌그물추는 곡식을 저장하거나 물건을 담을 때 사용했다.

③ 돌괭이는 물고기를 잡을 때 사용했다.

④ 빗살무늬 토기는 땅을 팔 때 사용했다.

⑤ 빗살무늬 토기는 나무에 진흙을 발라 만들었다.

**4** 이 글의 내용을 정리했습니다. 맞은 것에는 ○표, 틀린 것에는 X표 하세요.

내용 파악

(1) 구석기 → 신석기 → 청동기 → 철기 시대순으로 도구가 점차 발전했다. ( )

(2) 구석기 시대에는 돌을 깨뜨려 날카롭게 만든 도구를 사용했다. ( )

(3) 신석기 시대에는 돌을 갈고 다듬어 만든 뗀석기를 사용했다. ( )

(4) 청동은 단단하지 않아 농기구로 만들기에는 적합하지 않았다. ( )

(5) 철은 생활 도구를 만드는 데에는 많이 사용했지만, 무기로는 만들지 않았다. ( )

**5** 다음은 청동기 시대의 도구들입니다. 각각의 이름을 본문에서 찾아 쓰세요.

적용

(1) 비파형 ☐ ☐

(2) ☐ ☐ 돌칼

**6** 다음 사진과 도구의 이름을 보고, 시대의 순서에 맞게 번호를 빈칸에 적으세요.

적용

① 빗살무늬 토기   ② 철로 만든 칼   ③ 주먹 도끼   ④ 청동 거울

☐ → ☐ → ☐ → ☐

**1단계** 다음 낱말의 뜻을 찾아 선으로 이으세요.

(1) 가축　●

(2) 장신구　●

(3) 제사　●

● ㉠ 신이나 죽은 사람의 영혼에 음식을 바치어 정성을 나타내는 의식.

● ㉡ 몸을 곱게 꾸미거나 모양을 내는 데에 쓰는 물건.

● ㉢ 집에서 기르는 짐승.

**2단계** 다음 문장의 빈칸에 알맞은 낱말을 위에서 찾아 쓰세요.

(1) 아버지께서는 매일 [　　　　　] 에게 먹이를 주시느라 바쁘시다.

(2) 추석이 되면 조상님께 [　　　　　] 를 지내기 위해 고향에 간다.

(3) 언니는 반지, 귀걸이 같은 [　　　　　] 를 아주 좋아한다.

**3단계** 다음 뜻에 알맞은 낱말을 빈칸에 넣어 십자말풀이를 하세요.

(1) 전쟁이나 싸움에 사용되는 도구를 통틀어 이르는 말.

(2) 인류가 돌을 깨뜨려서 날카롭게 만들어 쓴 도구.

(3) 붉은색을 띤 금속. 펴지거나 늘어나는 성질이 풍부하다.

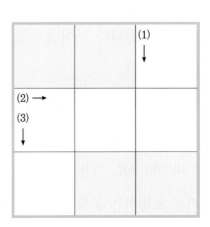

문장이란 **완결된** 생각이나 감정을 말이나 글로 나타낸 것입니다. 문장은 사용되는 **상황**이나 말하는 이의 **의도**에 따라 평서문, 의문문, 감탄문, 명령문, 청유문으로 나눌 수 있습니다.

평서문은 말하는 이가 어떤 사실이나 느낌, 생각을 전달하는 문장입니다. '설명하는 문장'이라고도 부릅니다. 평서문을 끝맺을 때에는 주로 '-다, -네, -어, -ㅂ니다, 요' 등을 사용하고, 문장 맨 끝에 **문장 부호**로 마침표(.)를 씁니다.

> 나는 어제 박물관에 갔다. / 하늘에서 눈이 펄펄 내리네요.

의문문은 '묻는 문장'으로, 말하는 이가 듣는 이에게 질문을 하여 그 대답을 요구할 때 씁니다. 의문문은 '-냐, -니, -어, -ㅂ니까, 요' 등으로 끝납니다. 문장 부호는 물음표(?)를 사용합니다.

> 밥은 언제 먹냐? / 날씨가 흐리니?

감탄문은 '느낌을 표현하는 문장'이라고도 불립니다. 즉 말하는 이가 기쁨, 슬픔, 놀람 등 자기의 느낌을 나타낸 문장입니다. 감탄문은 주로 '-구나, -군, -어' 등으로 끝을 맺습니다. 문장 부호는 주로 느낌표(!)를 쓰는데, 감탄의 정도가 약할 때에는 마침표(.)를 쓰기도 합니다.

> 풍경이 정말 아름답구나! / 학교가 참 크군.

**명령문**은 말하는 이가 듣는 이에게 무엇을 시키거나 행동을 **요구**하는 문장입니다. '시키는 문장'이라고도 합니다. '-어라, -게, -ㅂ시오, 요' 등으로 문장이 끝나며, 문장 부호는 평서문처럼 마침표(.)를 씁니다.

> 약속 시간에 늦지 마라. / 집에 일찍 들어가게.

마지막으로, 청유문은 듣는 이에게 말하는 이와 같이 행동할 것을 부탁하는 문장입니다. '함께 하기를 **요청**하는 문장'이라고도 합니다. 청유문은 '-자, -자꾸나, -세, -ㅂ시다' 등으로 끝맺습니다.

문장 부호는 평서문, 명령문처럼 마침표(.)를 사용합니다.

수업 끝나고 같이 놀자. / 모두 환경을 보호합시다.

**완결된** 완전하게 끝이 맺어진. 完 완전할 완 結 맺을 결　**상황** 일이 진행되어 가는 과정이나 모습. 狀 모양 상 況 상황 황　**의도** 무엇을 하고자 하는 생각이나 계획. 意 뜻 의 圖 계획할 도　**문장 부호** 글에서 문장의 구조를 잘 드러내거나 글쓴이의 의도를 쉽게 전달하기 위하여 쓰는 여러 가지 기호. 文 문장 문 章 문장 장 符 기호 부 號 기호 호　**요구** 어떠한 것을 필요하다고 바라거나 부탁함. 要 바랄 요 求 구할 구　**요청** 필요한 어떤 일이나 행동을 부탁함. 要 바랄 요 請 바랄 청

---

**1** 이 글에 알맞은 제목을 고르세요.

제목

① 문장의 종류　　　　　　② 문장 부호의 종류

③ 문장의 요소　　　　　　④ 문장을 바르게 쓰는 법

⑤ 말하는 이와 듣는 이

**2** 말하는 이가 듣는 이에게 질문을 하여 그 대답을 요구하는 문장은 무엇인가요?

내용
파악

① 평서문　　　　② 의문문　　　　③ 감탄문

④ 명령문　　　　⑤ 청유문

**3** 다음 중 감탄문의 맨 끝에 쓸 수 있는 문장 부호를 <u>두 개</u> 고르세요.

내용
파악

① 큰따옴표(")　　② 쉼표(,)　　③ 느낌표(!)

④ 물음표(?)　　⑤ 마침표(.)

**4** 다음 설명을 읽고 빈칸에 알맞은 말을 찾아 쓰세요.

내용
파악

평서문은 (1) ☐☐ 하는 문장이고, 감탄문은 (2) ☐☐ 을 표현하는 문장

이다. 그리고 (3) ☐☐☐ 은 함께 하기를 요청하는 문장이다.

**5** 다음 중 이 글의 내용과 <u>다른</u> 것을 고르세요.

내용
파악

① 문장이란 완결된 생각이나 감정을 말이나 글로 나타낸 것이다.

② 문장의 종류에는 평서문, 의문문, 감탄문, 명령문, 청유문 등이 있다.

③ 평서문은 '-다, -네, -어, -ㅂ니다, 요' 등으로 끝맺는다.

④ 의문문은 문장 맨 끝에 문장 부호로 느낌표(!)를 쓴다.

⑤ 명령문은 말하는 이가 듣는 이에게 무엇을 시키거나 행동을 요구하는 문장이다.

**6** 다음 문장의 종류에 알맞은 예를 찾아 바르게 이으세요.

적용

(1) 평서문 •

(2) 의문문 •

(3) 명령문 •

• ㉠ 현진이는 지금 어디에 있어?

• ㉡ 시끄러우니 조용히 좀 해라.

• ㉢ 화분에서 새싹이 나오기 시작했어.

**7** 다음 중 청유문이 <u>아닌</u> 문장을 고르세요.

적용

① 우리 함께 공원으로 놀러 가자.

② 우리 모두 부모님께 효도합시다.

③ 오늘은 날씨가 추우니까 내일 마당 청소를 하자꾸나.

④ 괴로우나 즐거우나 나라 사랑하세.

⑤ 시간이 늦었으니 지금 당장 출발하게.

## 어휘력 기르기

**1단계** 다음 낱말들의 뜻을 바르게 이으세요.

(1) 상황 •

(2) 의도 •

(3) 요구 •

• ㉠ 일이 진행되어 가는 과정이나 모습.

• ㉡ 어떠한 것을 필요하다고 바라거나 부탁함.

• ㉢ 무엇을 하고자 하는 생각이나 계획.

**2단계** 다음 문장의 빈칸에 알맞은 낱말을 위에서 찾아 쓰세요.

(1) 네가 그렇게 말하는 진짜 [        ] 가 뭐야?

(2) 선생님은 학급 문고를 만들어 달라는 우리의 [        ] 를 받아 주셨다.

(3) 현수는 급한 [        ] 속에서도 침착함을 유지하였다.

**3단계** 다음 설명을 읽고 알맞은 뜻을 골라 번호를 쓰세요.

> 부호 : ① 일정한 뜻을 나타내기 위하여 정하여 쓰는 기호.
>
> ② 재산이 넉넉하고 세력이 있는 사람.

(1) 의문문에 써야 하는 부호는 물음표다.                    (        )

(2) 놀부는 동네에서 아주 유명한 부호이다.                  (        )

[가]

바다 생물을 위협하는 가장 가벼운 총

전 세계 바다에 버려지는

플라스틱 빨대 한 해 800만 톤 –

사람들에겐 편리한 작은 빨대 하나지만

바다 생물들에겐 생명의 **위협**이 됩니다

이제라도 플라스틱 빨대 사용을 줄여서

바다 생물과 함께 지구 환경도 살릴 때입니다

kobaco
공익광고협의회

[나]

[자부심으로 남는 위대한 유산]　　　　　　　　　　　　　　[쓰레기로만 남는 초라한 유산]

우리 아이들에게
무엇을 물려주시겠습니까?

한 번 쓰고 버리는 **일회용품**, 우리 **후손**에게는 엄청난 쓰레기로 남겨집니다.
일회용품 **분해**시간이 적게는 20년에서 길게는 500년 이상까지 걸리거든요.

일회용품 - 하루 하나씩만 줄여도 미래가 깨끗해집니다!

kobaco 한국방송광고공사
공익광고협의회

**톤** 질량의 단위. 1톤은 1,000kg. ton    **위협** 상대방에게 겁을 주고 협박함. 威 위협할 위 脅 위협할 협
**공익** 사회 전체의 이익. 公 여럿 공 益 이익 익    **광고** 어떤 정보를 널리 알리는 일. 廣 넓을 광 告 알릴 고
**자부심** 자기 자신이나 자기와 관련되어 있는 것에 대해 스스로 그 가치나 능력을 믿고 당당하게 여기는 마음. 自 스스로 자 負 힘입을 부 心 마음 심    **위대한** 능력 등이 뛰어나고 훌륭한. 偉 훌륭할 위 大 클 대    **유산** 앞 세대(같은 시대에 사는, 비슷한 나이의 사람 전체)가 물려준 물건이나 문화. 遺 남길 유 産 물건 산
**일회용품** 한 번만 쓰고 버리는 물건. 一 하나 일 回 횟수 회 用 쓸 용 品 물건 품    **후손** 자신의 세대에서 여러 세대가 지난 뒤의 자녀를 통틀어 이르는 말. 後 뒤 후 孫 후손 손    **분해** 여러 부분이 합쳐져 이루어진 것을 부분으로 나눔. 分 나눌 분 解 풀 해

---

**1**

주제

[가]의 주제는 무엇일까요?

① 총을 사용하지 말자.

② 플라스틱 빨대 사용을 줄이자.

③ 바다를 사랑하자.

④ 바다에 버려진 쓰레기를 걷어 내자.

⑤ 쓰레기를 버리지 말자.

**2**

핵심어

[나]의 중심 낱말은 무엇일까요?

① 자부심          ② 유산          ③ 아이들

④ 일회용품        ⑤ 미래

**3**

추론

[가]에서, 플라스틱 빨대를 '총'으로 비유하여 나타냈습니다. 그 까닭은 무엇일까요?

① 총을 플라스틱 빨대로 만들기 때문에.

② 플라스틱 빨대가 만들어지는 속도가 총알이 날아가는 속도와 비슷하기 때문에.

③ 플라스틱 빨대가 총처럼 꼭 필요하다는 점을 강조하려고.

④ 총도 빨대처럼 가볍다는 점을 강조하려고.

⑤ 플라스틱 빨대가 총처럼 위험하다는 점을 강조하려고.

**4** [가]와 [나]를 다른 장르로 나타낸다면 어떤 글이 가장 어울릴까요?

추론

① 논설문          ② 설명문          ③ 일기

④ 편지          ⑤ 보고서

**5** [가]와 [나]의 공통점이 <u>아닌</u> 것은 무엇인가요?

추론

① 광고다.                  ② 주제가 비슷하다.

③ 어떤 내용을 주장하고 있다.      ④ 사회 전체의 이익을 이야기한다.

⑤ 물건을 팔기 위해 홍보한다.

**6** 다음 중 [가]를 뒷받침하는 사진을 넣으려고 합니다. 가장 적절한 것을 찾으세요.

적용

① 일회용 컵에 플라스틱 빨대를 꽂고 음료수를 마시는 아이.

② 땅에 묻힌 채 몇 년째 썩지 않는 플라스틱 빨대.

③ 코에 플라스틱 빨대가 박혀 고통스러워하는 바다거북.

④ 총을 맞고 피 흘리는 군인.

⑤ 보호 동물인 고래를 잡는 어선.

**7** 다음 중 [가]와 [나]를 가장 잘 읽은 사람은 누구인가요?

감상

① 원희: 앞으로는 절대 쓰레기를 버리지 말아야겠어.

② 석진: 우리 문화재를 바로 알고 보호하려고 노력할 거야.

③ 선영: 난 가능하면 일회용품을 사용하지 않으려고 노력할 거야.

④ 정규: 총이 위험하다는 걸 알았으니까 나는 어른이 되어서도 절대 총을 쏘지 않을 거야.

⑤ 윤지: 앞으로 쓰레기를 함부로 버리지 않겠어. 잘 분류해서 종류별로 내놓아야지.

**1단계**　다음 낱말의 뜻을 찾아 선으로 이으세요.

(1) 위협　●

(2) 유산　●

(3) 분해　●

● ㉠ 앞 세대가 물려준 물건이나 문화.

● ㉡ 여러 부분이 합쳐져 이루어진 것을 부분으로 나눔.

● ㉢ 상대방에게 겁을 주고 협박함.

**2단계**　위에서 배운 낱말을 빈칸에 넣어 문장을 완성하세요.

(1) 형이 블록으로 만든 집을 [　　　　] 해서 자동차를 만들었다.

(2) 고슴도치는 [　　　　] 을 느끼면 몸을 동그랗게 말아 방어한다.

(3) 문화재는 조상이 남긴 [　　　　] 이다.

**3단계**　다음 뜻에 알맞은 낱말을 빈칸에 넣어 십자말풀이를 하세요.

(1) 자기 자신이나 자기와 관련되어 있는 것에 대해 스스로 그 가치나 능력을 믿고 당당하게 여기는 마음.

(2) 두려워하고 무서워하는 마음.

(3) 사회 전체의 이익.

| | | (2) ↓ | |
|---|---|---|---|
| | | (3) → | |
| | | 표 | |
| (1) | | | |

## 격정 마

정진숙

눈이 크고 얼굴이 까만
나영이 엄마는
㉠ 필리핀 사람이고,

알림장 못 읽는
준희 엄마는
㉡ 베트남에서 왔고,

김치 못 먹어 **쩔쩔매는**
영호 아저씨 **각시**는
㉢ 몽골에서 **시집**와

길에서 마주쳐도
시장에서 만나도
말이 안 통해
그냥 웃고만 지나간다.

이러다가
우리 동네 사람들 속에
어울리지 못하면 어쩌나?

그래도 할머닌
걱정 말래.

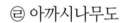

㉣ 아까시나무도
㉤ 달맞이꽃도
㉥ 개망초도
다 다른
먼 곳에서 왔지만
해마다 어울려 꽃피운다고.

**쩔쩔매는** 어찌할 줄 몰라서 정신을 못 차리고 헤매는.  **각시** '아내'를 달리 이르는 말.  **시집** 여자가 결혼하여 남편을 맞이함.

**1** 이 시의 주제를 찾으세요.

주제

① 외국에서 온 사람들에게 외국 문화를 배우고 싶다.

② 외국에서 온 사람들이 우리 동네에 더 많이 살면 좋겠다.

③ 외국에서 온 사람들이 우리 동네 사람들과 잘 어울려 지내면 좋겠다.

④ 외국에서 들어온 식물들이 없어지면 좋겠다.

⑤ 외국에서 들어온 식물들이 잘 자라면 좋겠다.

**2** 이 시에 대한 설명 가운데 <u>틀린</u> 것을 찾으세요.

내용
파악

① 7연 24행으로 이루어졌다.

② 말하는 이가 실제로 말을 하는 것처럼 내용이 진행되었다.

③ 문장 형식이 반복되는 부분이 있어 리듬감을 느끼게 한다.

④ 외국에서 온 세 사람의 처지를 세 식물의 상황에 비유하여 나타내었다.

⑤ 모든 연이 3행씩으로 이루어져 리듬감을 느끼게 한다.

**3** 말하는 이의 걱정거리는 무엇인가요?

내용
파악

① 나영이 엄마가 눈이 큰 것.

② 준희 엄마가 알림장을 못 읽는 것.

③ 영호 아저씨의 각시가 김치를 못 먹는 것.

④ 나영이 엄마, 준희 엄마, 영호 아저씨 각시가 우리 동네 사람들과 어울리지 못할 것 같은 것.

⑤ 먼 곳에서 온 식물들이 우리나라 땅에서 어울려 꽃피우는 것.

**4** 말하는 이에게 걱정하지 말라고 말한 사람은 누구인가요?

내용
파악

**5** 다음 중 ㉠ ~ ㉢의 특징을 찾아 바르게 연결하세요.

(1) 중국의 북쪽에 있는 나라. 농업과 목축업이 발달하였으며, 양털과 가죽 등을 주로 생산한다. • • ㉠ 필리핀

(2) 태평양 서쪽의 7,100여 개 섬으로 이루어진 나라. 주로 농업을 하며, 설탕, 파인애플 등을 수출한다. • • ㉡ 베트남

(3) 중국의 남쪽에 있는 나라. 지하자원이 풍부하다. 쌀을 많이 생산한다. • • ㉢ 몽골

**6** ㉣ ~ ㉥은 모두 우리나라가 아닌 곳에서 자라다가 우리나라에 옮겨와 자라는 식물입니다. 이렇게 '원래 살던 곳에서 다른 지역으로 옮겨 와 잘 적응하여 자라는 식물'을 무엇이라 부를까요?

① 다육 식물      ② 귀화 식물      ③ 관엽 식물
④ 지피 식물      ⑤ 구근 식물

**7** 다음 사진을 보고 ㉣ ~ ㉥ 가운데 알맞은 식물 이름을 쓰세요.

①

②

③

# 어휘력 기르기

---

**1단계**  다음 낱말의 뜻을 찾아 바르게 이으세요.

(1) 시집 •

• ㉠ 남자가 결혼하여 아내를 맞이하는 일.

(2) 장가 •

• ㉡ 여자가 결혼하여 남편을 맞이함.

**2단계**  위에서 배운 낱말을 빈칸에 넣어 문장을 완성하세요.

(1) 할머니는 삼촌을 보실 때마다 언제 ⬚⬚⬚⬚⬚ 갈 거냐고 물으신다.

(2) 이모는 작년에 ⬚⬚⬚⬚⬚ 을 가셨다.

**3단계**  다음 뜻을 보고, 빈칸에 알맞은 낱말을 골라 쓰세요.

狀
문서 **장**

**알림장**: 알려야 할 내용을 적은 글.

**표창장**: 좋은 결과나 훌륭한 일을 칭찬하는 내용을 적은 상장.

**초대장**: 어떤 모임에 초대하는 내용을 적어서 보내는 편지.

(1) 준비물을 잘 챙기려면 ⬚⬚⬚⬚⬚ 을 꼼꼼히 적어야 한다.

(2) 현수가 쉬는 시간에 내게 생일잔치 ⬚⬚⬚⬚⬚ 을 주었다.

(3) 진희는 친구들을 잘 도와주어 학교에서 ⬚⬚⬚⬚⬚ 을 받았다.

틀린 문제 유형에 표시하세요.

☐ 인물  ☐☐☐ 내용 파악  ☐ 추론  ☐☐ 감상

옛날에 세 아들이 부모님과 함께 살았습니다.

어느 날, 첫째 아들이 나무를 하러 숲에 갔습니다. 그때 어떤 노인이 나타나 먹을 것을 좀 달라고 했습니다. 어머니께서 싸 주신 음식이 있었지만 첫째 아들은 노인의 요청을 거절했습니다. 첫째 아들은 노인을 쫓아 버리고 나무를 **하다가** 그만 도끼에 팔을 다치고 말았습니다.

다음 날, 첫째 아들 대신 나무를 하러 간 둘째 아들 앞에도 노인이 나타났습니다. 하지만 둘째 아들도 노인에게 먹을 것을 주지 않고 **매몰차게** 쫓아냈습니다. 둘째 아들은 나무를 하다가 도끼에 다리를 다치고 말았습니다.

며칠 뒤, 형들이 다쳐 나무를 하러 갈 수 없게 되자 막내아들이 집을 나섰습니다. 이번에도 어김없이 노인이 나타났습니다. 형들과 다르게, 막내아들은 노인과 음식을 맛있게 나누어 먹었습니다. 노인은 고마워하며 막내아들에게 황금 거위가 있는 곳을 알려 주었습니다. 노인이 알려 준 곳에 가 보니 정말로 황금 거위가 있었습니다. 막내 아들은 기뻐하며 거위를 안고 산에서 내려왔습니다.

집으로 돌아가는 길에 막내아들은 근처 **여관**에서 하루 **묵기로** 했습니다. 여관 주인의 세 딸은 황금 거위를 보고 탐냈습니다. 막내아들이 잠든 사이에 큰딸이 몰래 거위를 잡았습니다. ㉠ 그런데 손이 거위에 달라붙어 떨어지지 않았습니다. 큰딸을 떼어 내려고 동생들이 전부 달려들었지만 오히려 언니 뒤에 붙어 버리고 말았습니다.

다음 날 아침, 막내아들은 서둘러 집으로 출발하려 했습니다. 그런데 거위 뒤에는 여관 주인의 딸들이 줄줄이 붙어 있었습니다. 게다가 이 모습을 본 농부, **성직자**, 꼬마까지 딸들을 떼 주려고 하다가 모두 찰싹 붙어 버렸습니다.

이 무렵, 이 나라의 왕은 웃음을 잃은 공주를 보며 크게 걱정했습니다. 그래서 누구든 공주를 웃게 하면 그 사람과 결혼시키겠다고 했습니다. 이 소식을 들은 막내아들은 발걸음을 돌려 왕이 사는 **궁전**으로 달려갔습니다. 공주는 막내아들이 데려온 황금 거위와 그 거위에 줄줄이 붙은 사람들을 보자마자 깔깔 웃었습니다.

하지만 왕은 공주를 막내아들과 결혼시키고 싶지 않았습니다. 그래서 막내아들에게 **지하실**에 가득 찬 포도주와 창고에 쌓인 빵을 모두 먹을 수 있는 사람을 데려오라고 했습니다. 또 땅과 바다를 모두 다닐 수 있는 배를 만들어 오라고도 했습니다.

막내아들은 다시 숲으로 가서 노인에게 도움을 요청했습니다. 노인의 도움으로 포도주와 빵을 다 먹을 수 있는 사람을 찾아 데려왔습니다. 땅과 바다를 다닐 수 있는 배도 만들 수 있었습니다.

왕은 마침내 막내아들의 능력을 인정하고, 공주와의 결혼을 허락하였습니다. 막내아들은 가난한 사람들을 보살피는 훌륭한 왕이 되어 행복하게 살았습니다.

– 그림 형제, 〈황금 거위〉

**하다가** 먹을 것, 입을 것, 땔감 등을 만들거나 장만하다가.　**매몰차게** 인정이 없고 아주 쌀쌀맞게.
**여관** 돈을 받고 손님을 지내게 하는 집. 旅 나그네 여 館 집 관　**묵기로** 일정한 곳에서 잠시 머무르기로.
**성직자** 종교적 직업을 가진 사람. 신부, 목사, 승려 등이 있다. 聖 성스러울 성 職 일 직 者 사람 자　**궁전**
왕이 사는 집. 宮 궁전 궁 殿 궁궐 전　**지하실** 집 아래에 땅을 파서 만든 방. 地 땅 지 下 아래 하 室 방 실

---

**1**

이 글에 등장하지 <u>않은</u> 인물을 고르세요.

① 첫째 아들　　② 노인　　③ 왕비

④ 왕　　⑤ 공주

**2**

막내아들이 황금 거위를 얻게 된 이유를 쓰세요.

막내아들이 [　][　] 과 [　][　] 을 나누어 먹었기 때문에.

**3**

막내아들과 관련한 일로 옳은 것을 고르세요.

① 두 형과 함께 나무를 하러 갔다.

② 나무를 자르다가 다리를 다쳤다.

③ 막내아들의 거위를 여관 주인의 큰딸이 훔쳐 달아났다.

④ 막내아들의 거위에 달라붙은 사람들을 보고 공주가 깔깔 웃었다.

⑤ 왕은 처음부터 공주를 막내아들과 결혼시키고 싶어 했다.

**4** 황금 거위에 달라붙지 <u>않은</u> 인물을 고르세요.

내용
파악

① 여관 주인의 첫째 딸      ② 농부      ③ 성직자

④ 여관 주인      ⑤ 꼬마


**5** ㉠의 상황에서, 큰딸의 심정으로 어울리지 <u>않은</u> 것을 고르세요.

추론

① 당황스러움      ② 후회스러움      ③ 걱정스러움

④ 짜증스러움      ⑤ 만족스러움


**6** 이 글을 가장 잘 읽은 사람을 고르세요.

감상

① 도윤: 막내아들은 거위에 너무 욕심을 부렸어.

② 해수: 여관 주인의 큰딸 덕분에 막내아들이 공주와 결혼했어. 그러니 그 딸에게 감사해야 해.

③ 은비: 막내아들에게서 황금 거위를 빼앗으려는 왕이 정말 나빠.

④ 재준: 막내아들과 결혼한 공주가 불쌍해.

⑤ 주영: 막내아들은 착한 마음을 가졌기 때문에 복을 받았어.


**7** 이 글을 읽고 친구들이 얘기했습니다. 가장 어울리지 <u>않는</u> 말을 한 사람을 고르세요.

감상

① 진표: 노인은 대체 누구길래 저런 신기한 능력을 발휘했을까?

② 명재: 막내아들은 나중에 황금거위를 잡아먹었을까?

③ 유선: 황금 거위에 붙어 있던 사람들은 다 어떻게 되었을까?

④ 창근: 첫째, 둘째 아들은 막내를 보며 자기 행동을 후회했을까?

⑤ 민지: 공주는 어떤 이유로 웃음을 잃었을까?

## 어휘력 기르기

8 문제 가운데 (         ) 문제 맞힘

**1단계** 다음 낱말의 뜻을 찾아 선으로 이으세요.

(1) 성직자 •

• ㉠ 집 아래에 땅을 파서 만든 방.

(2) 궁전 •

• ㉡ 왕이 사는 집.

(3) 지하실 •

• ㉢ 종교적 직업을 가진 사람.

**2단계** 다음 문장의 빈칸에 알맞은 낱말을 위에서 찾아 쓰세요.

(1) 영찬이는 교회에 열심히 다니더니 [           ] 가 되었구나.

(2) 대한 제국의 황제 고종이 살던 [           ] 이 덕수궁이다.

(3) [           ] 은 땅 아래에 있어 전등을 켜지 않으면 어둡다.

**3단계** 다음 설명을 읽고, 빈칸에 알맞은 글자를 쓰세요.

**묵다**: 일정한 곳에서 잠시 머무르다.
**묶다**: 끈, 줄 따위로 무엇을 잡아매다.

(1) 윤수는 버릴 책들을 모아서 끈으로 단단히 [  ] 었다.

(2) 민영이는 친구들과 여행을 가서 [  ] 을 곳을 예약했다.

어떤 물질이 물이나 바람 등에 의해 옮겨져 다른 곳에 쌓이는 일을 '퇴적'이라고 합니다. 이렇게 쌓인 물질이 오랜 시간이 흐르면서 단단하게 굳은 것이 '퇴적암'입니다. 퇴적암은 크게 세 가지로 나뉩니다.

**바위**, 돌멩이는 깨지거나 햇빛, 비, 바람 등에 의해 부서져 **자갈**이나 **모래**가 됩니다. 이 자갈이나 모래가 바람이나 흐르는 물에 의해 이동하다가 한곳에 쌓입니다. 시간이 흘러 그 위에 다른 물질이 쌓이면 먼저 쌓인 것들이 나중에 쌓인 물질에 눌립니다. 자갈과 모래는 그 사이사이에 있는 물질과 **엉기고**, 그 위에 쌓인 물질들에 의해 눌려 단단히 붙습니다. 그렇게 붙어 있는 기간이 길어지면 더욱 단단해져 **암석**이 됩니다. 이런 과정을 통해 생긴 암석을 '**쇄설**성 퇴적암'이라고 합니다. 퇴적암의 대부분은 이 쇄설성 퇴적암입니다.

쇄설성 퇴적암은 퇴적된 알갱이의 크기에 따라 다시 종류가 나뉩니다. 알갱이가 보이지 않을 만큼 작은 진흙으로 이루어진 암석을 '이암', 모래 알갱이 정도의 물질이 쌓여 만들어진 암석을 '사암', 자갈 정도의 큰 알갱이가 작은 알갱이와 섞여 이루어진 암석을 '역암'이라고 합니다. 이암은 진흙처럼 아주 작은 알갱이로 이루어져 손으로 만지면 부드럽습니다. 노란색이나 연한 갈색을 띠는 것이 많습니다. 이암 중에서 층이 나누어져 한 방향으로 잘 깨지는 암석을 셰일이라고 합니다. 사암은 연한 회색이나 연한 갈색을 띠며, 표면이 이암보다 조금 거칩니다. 자갈과 모래가 섞여 이루어진 역암은, 주로 회색이나 짙은 갈색을 띱니다.

물에 녹아 있던 물질이 그대로 가라앉거나 물이 **증발**된 뒤에 남아 암석이 됩니다. 이런 암석들을 화학적 퇴적암이라고 합니다. 여기에는 **암염**, 석회암 등이 있습니다. 암염은 염분이 많은 호수의 물이나 바닷물이 증발하여 생긴 소금 암석입니다. 석회암은 얕은 바닷물에 녹아 있던 석회질 성분이 가라앉아 만들어집니다. 석회암은 우리나라에서도 쉽게 볼 수 있지만 암염은 그렇지 않습니다.

마지막으로, **유기적** 퇴적암은 물속에 있던 동식물의 **사체**가 두껍게 쌓여서 이루어진 암석입니다. 물속에 살던 동물의 **뼈**나 껍질 등이 쌓여 석회암이 됩니다. 물속 식물이 쌓인 뒤 오랫동안 압력과 열을 받아 석탄이 되기도 합니다.

**바위** 매우 큰 돌.　**자갈** 잘게 깨진 돌.　**모래** 잘게 부스러진 돌 부스러기.　**엉기고** 뭉쳐 굳어지고.
**암석** 지구 표면을 이루고 있는 단단한 물질. 巖 바위 암 石 돌 석　**쇄설** 깨어진 부스러기. 碎 부서질 쇄 屑
가루 설　**증발** 어떤 물질이 액체 상태로 기체 상태로 변함. 蒸 증발할 증 發 일어날 발　**암염** 자연에서
나는 소금. 巖 바위 암 鹽 소금 염　**유기적** 생물체처럼, 전체를 이루는 각 부분이 서로 밀접하게 관련되어
떼어 낼 수 없는. 有 있을 유 機 틀 기 的 어조사 적　**사체** 사람이나 동물 따위의 죽은 몸뚱이. 死 죽을 사 體
몸 체

**1** 이 글의 중심 낱말은 무엇인가요?

핵심어

① 바위　　　　　　② 자갈　　　　　　③ 모래

④ 퇴적암　　　　　⑤ 바닷물

**2** 다음 중 퇴적암의 대부분을 차지하는 것을 찾으세요.

내용
파악

① 쇄설성 퇴적암　　　② 화학적 퇴적암　　　③ 유기적 퇴적암

**3** 다음은 이 글을 정리한 표입니다. 빈칸에 알맞은 낱말을 쓰세요.

내용
파악

| 퇴적암 | 쇄설성 퇴적암 | 구성 물질 | 진흙, 모래, (1) (　　　　　　) |
| | | 종류 | 이암, (2) (　　　　　　), 역암 등 |
| | 화학적 퇴적암 | 구성 물질 | 물에 녹아 있던 물질 |
| | | 종류 | (3) (　　　　　　), 석회암 등 |
| | 유기적 퇴적암 | 구성 물질 | 물속에 있던 동식물의 사체 |
| | | 종류 | 석회암, 석탄 등 |

**4** 이암의 한 종류로, 층이 나누어져 한 방향으로 잘 깨지는 암석을 무엇이라고 하나요?

내용
파악

**5** 화학적 퇴적암과 유기적 퇴적암에 모두 포함되는 암석은 무엇인가요?

내용
파악

① 이암                    ② 사암                    ③ 역암

④ 암염                    ⑤ 석회암

**6** 다음 중 이 글에 실리지 <u>않은</u> 내용은 무엇인가요?

내용
파악

① 쇄설성 퇴적암의 종류.              ② 이암이 되는 물질.

③ 역암을 만졌을 때의 느낌.            ④ 사암의 색깔.

⑤ 석탄이 생기는 과정.

**7** 쇄설성 퇴적암이 생기는 과정입니다. 순서에 맞게 빈칸에 번호를 쓰세요.

내용
파악

① 자갈이나 모래가 바람이나 흐르는 물에 의해 이동하다 한곳에 쌓인다.

② 바위, 돌멩이가 깨지거나 부서져 자갈이나 모래가 된다.

③ 자갈과 모래는 그 사이사이에 있는 물질과 엉기고, 그 위에 쌓인 물질들에 의해 눌려
　단단히 붙는다.

④ 쌓인 자갈, 모래 위에 다른 물질이 쌓인다.

☐ → ☐ → ☐ → ☐

**1단계**　　다음 낱말의 뜻을 찾아 선으로 이으세요.

(1) 바위　●　　　　　　　　　　● ㉠ 잘게 부스러진 돌 부스러기.

(2) 자갈　●　　　　　　　　　　● ㉡ 매우 큰 돌.

(3) 모래　●　　　　　　　　　　● ㉢ 잘게 깨진 돌.

**2단계**　　위에서 배운 낱말을 빈칸에 넣어 문장을 완성하세요.

(1) 이 [　　　　　] 는 자동차보다도 더 크다.

(2) 갑자기 바람이 불어와 눈에 [　　　　　] 가 들어갔다.

(3) 민지는 밤톨만 한 [　　　　　] 을 주워 내게 건넸다.

**3단계**　　다음 설명을 읽고, 빈칸에 알맞은 낱말을 골라 쓰세요.

> **巖**
> 바위 (암)　｜　**암염**: 자연에서 나는 소금.
> 　　　　　｜　**암벽**: 반듯하게 깎아 세운 듯 높이 솟은 벽 모양의 바위.

(1) 삼촌은 허리에 줄을 묶으시고는 맨손으로 [　][　] 을 기어오르셨다.

(2) 서양에는 [　][　] 에서 소금을 얻는 나라가 많다.

'절기'란 태양의 위치에 따라 한 해를 스물넷으로 나누어 계절의 **표준**으로 삼은 것입니다. 우리 조상들은 절기를 참고하여 농사를 짓고, 그 절기에 맞는 생활을 하였습니다. 봄의 절기로는 입춘, 우수, 경칩, 춘분, 청명, 곡우 이렇게 여섯 개가 있습니다.

먼저 입춘은 24절기 중 첫 번째 절기로, 봄이 시작하는 날입니다. 입춘은 양력으로 2월 4일**경**입니다. 조상들은 이날 '**입춘대길**'이라는 네 글자를 써서 집의 대문이나 벽, 기둥 등에 붙여 한 해 동안 집안에 좋은 기운이 들어오기를 소망했습니다. 또 **농가**에서는 보리의 뿌리를 뽑아 그해 농사가 잘될지 안될지를 미리 알아보기도 하였습니다.

우수는 비가 내리고, 얼음이 녹아 흐른다는 절기입니다. 날짜는 양력으로 2월 19일 무렵입니다. 우수가 되면 날씨가 풀려서 따뜻한 봄바람이 불고 봄비가 내립니다. 봄기운을 느낀 **초목**들도 싹을 틔우기 시작합니다. 겨울 동안 얼어붙었던 강이 녹기 시작하고, 추운 지방에 사는 기러기들은 따뜻한 봄기운을 피해 북쪽으로 날아갑니다.

우수 다음으로 오는 절기는 경칩입니다. 경칩은 ㉠ 겨울 내내 나무 속이나 땅속에서 몸을 움츠리고 잠을 자던 동물들이 깨어 꿈틀거리기 시작한다는 뜻입니다. 경칩의 날짜는 양력 3월 6일 무렵입니다. 우수가 지나고 경칩이 오면 **완연한** 봄을 느낄 수 있습니다. 조상들은 경칩에 흙을 이용하는 일을 하면 일 년 내내 나쁜 일이 생기지 않는다고 생각하여, 벽에 흙을 바르거나 흙으로 집이나 담을 만들기도 하였습니다.

춘분은 밤과 낮의 길이가 같은 절기로, 날짜는 양력 3월 21일경입니다. 이날 이후로 하루 중 낮의 길이가 밤의 길이보다 길어집니다. 춘분이 되면 농가에서는 한해 농사를 짓기 위한 준비로 바빠지기 시작합니다.

청명은 양력 4월 5일 무렵에 오는 절기로, 오늘날의 **식목일**과 날짜가 겹치는 경우가 많습니다. 청명이란 날씨가 맑아진다는 뜻입니다. 농가에서는 이때부터 논밭의 흙을 **고르고**, 둑을 다지며, 밭에 채소의 씨를 뿌립니다. 겨우내 미루어 두었던 집안 조상들의 산소를 돌보거나, 집의 낡은 곳을 고치기도 합니다.

곡우는 봄비가 내려 곡식이 잘 자라는 절기로, 날짜는 양력 4월 20일경입니다. 곡우가 되면 농가에서는 **볍씨**를 **모판**에 뿌립니다. '곡우에 가물면 땅이 **석 자**가 마른다'라는 속담이 있듯, 조상들은 이 무렵에 비가 오지 않으면 그 해 농사를 망친다고 믿었습니다. 또 나무에 물이 가장 많이 오르는 시기여서, 깊은 산속으로 들어가 나무의 **수액**을 받아 마시는 **풍속**도 있었습니다.

2주
7회

**표준** 사물의 정도나 성격 따위를 알기 위한 근거나 기준. 標 나타낼 표 準 기준 준　**-경** '그 시간 또는 날짜에 가까운 때'의 뜻을 더하는 말. 頃 요즘 경　**입춘대길** 입춘을 맞이하여 좋은 운을 빌며 문이나 벽, 기둥 등에 써 붙이는 글. 立 설 입 春 봄 춘 大 클 대 吉 운 좋을 길　**농가** 농사를 짓는 사람의 집. 農 농사 농 家 집 가　**초목** 풀과 나무를 함께 이르는 말. 草 풀 초 木 나무 목　**완연한** 눈에 보이는 것처럼 아주 뚜렷한. 宛 완연할 완 然 분명할 연　**식목일** 사람들이 나무를 많이 심고 아껴 가꾸도록 권하기 위해 국가에서 정한 날. 植 심을 식 木 나무 목 日 날 일　**고르고** 울퉁불퉁한 것을 평평하게 하거나 들쭉날쭉한 것을 가지런하게 하고.　**둑** 물을 저장하거나 논밭을 보호할 목적으로 쌓은 언덕.　**볍씨** 벼의 씨.　**모판** 씨를 뿌려 모를 키우기 위하여 만들어 놓은 곳.　**석** 그 수량이 셋임을 나타내는 말.　**자** 길이의 단위. 한 자는 약 30.3cm이다.　**수액** 땅속에서 나무의 줄기를 통하여 잎으로 올라가는 액체. 樹 나무 수 液 진 액　**풍속** 옛날부터 그 사회에 전해 오는, 생활 전반에 걸친 습관을 이르는 말. 風 풍속 풍 俗 풍속 속

---

**1**

제목

빈칸에 알맞은 말을 넣어 이 글의 제목을 완성하세요.

□ 의 □ □ 에는 무엇이 있을까?

**2**

내용
파악

한 해에 절기는 모두 몇 개 있는지 고르세요.

① 4개　　　　② 6개　　　　③ 12개

④ 24개　　　　⑤ 48개

**3**

내용
파악

다음 중 봄의 절기가 <u>아닌</u> 것을 고르세요.

① 입춘　　　　② 우수　　　　③ 동지

④ 춘분　　　　⑤ 청명

**4** 이 글에 대한 설명으로 옳은 것을 고르세요.

내용 파악

① 절기란 달의 위치에 따라 한 해를 나누어 계절의 표준으로 삼은 것이다.

② 춘분은 한 해의 첫 번째 절기로, 봄이 시작하는 날이다.

③ 입춘의 날짜는 양력으로 3월 6일 무렵이다.

④ 우수는 밤과 낮의 길이가 같은 절기로, 날짜는 4월 5일경이다.

⑤ 곡우가 되면 농가에서는 볍씨를 모판에 뿌린다.

**5** 오늘날의 식목일(4월 5일)과 날짜가 비슷한 절기는 무엇인가요?

내용 파악

**6** 다음 중 ㉠에 속하는 동물이 아닌 것을 고르세요.

배경 지식

① 곰                    ② 고양이                    ③ 개구리

④ 다람쥐                ⑤ 뱀

**7** 이 글을 읽고 친구들이 나눈 대화 중 옳지 않은 것을 고르세요.

적용

① 윤길: 봄의 절기는 양력 2, 3, 4월에 각각 두 개씩 있어.

② 성원: 다른 계절에도 입춘처럼 계절이 시작하는 날을 나타내는 절기가 있을 거야.

③ 나윤: 한 절기가 지나면 다음 절기는 15일 정도 뒤에 오는구나.

④ 지용: 청명 무렵에는 나무를 심는 사람들이 특히 많을 거야.

⑤ 주혜: 입춘이 되면 추위를 대비하려는 사람들을 볼 수 있어.

**1단계**　다음 낱말의 뜻을 찾아 선으로 이으세요.

(1) 표준　●　　　　　　　　　　● ㉠ 풀과 나무를 함께 이르는 말.

(2) 초목　●　　　　　　　　　　● ㉡ 옛날부터 그 사회에 전해 오는, 생활 전반
　　　　　　　　　　　　　　　　　에 걸친 습관을 이르는 말.

(3) 풍속　●　　　　　　　　　　● ㉢ 사물의 정도나 성격 따위를 알기 위한 근거
　　　　　　　　　　　　　　　　　나 기준.

**2단계**　다음 문장의 빈칸에 알맞은 낱말을 위에서 찾아 쓰세요.

(1) 날씨가 따뜻해지니 [　　　　]이 무럭무럭 자란다.

(2) 정월 대보름에는 잡곡밥을 먹는 [　　　　]이 있다.

(3) 내 키는 초등학교 4학년 [　　　　]보다 훨씬 크다.

**3단계**　다음 설명을 읽고 밑줄 친 부분의 알맞은 뜻을 고르세요.

> 고르다　┊　① 울퉁불퉁한 것을 평평하게 하거나 들쭉날쭉한 것을 가지런하게 하다.
> 　　　　 ┊　② 여럿 중에서 가려내거나 뽑다.
> 　　　　 ┊　③ 여럿이 다 높낮이, 크기, 양 등이 차이가 없이 똑같다.

(1) 언니는 백화점을 이리저리 둘러보고 마음에 드는 옷을 골랐다.　　　　(　　　)

(2) 형은 갈퀴를 사용하여 밭의 흙을 가지런하게 골랐다.　　　　　　　　(　　　)

(3) 이 지역은 비가 일 년 내내 고르게 내린다.　　　　　　　　　　　　　(　　　)

정 연: 오늘의 ㉠ <u>토론</u>을 시작합니다. 첫 번째 **안건**은 '휴대 전화기를 학교에 가지고 다녀도 되는 가'입니다. **발언권**을 얻어 의견을 말씀하시기 바랍니다.

재 민: 저는 휴대 전화기를 학교에 가지고 다녀도 좋다고 생각합니다. 급하게 친구 집에 가거나 갑자기 친구와 밖에서 놀게 되었을 때 휴대 전화기로 연락드려 부모님께서 걱정하시지 않게 할 수 있습니다.

미 주: 하지만 휴대 전화기를 교실에서 잃어버리거나 친구와 부딪혀 전화기가 고장이라도 나면 **난처한** 상황에 처할 수 있습니다. 그래서 반대합니다.

지 윤: 저는 학교 수업을 마치면 바로 학원에 갑니다. 가끔 학교나 학원에서 갑자기 일이 생기기 도 하는데 그때 휴대 전화기가 있으면 부모님께 바로 연락할 수 있어서 도움이 됩니다.

성 현: 저는 반대합니다. 실수로라도 휴대 전화기를 꺼 놓지 않으면 수업에 방해가 되기 때문입 니다. 학교는 공부하러 오는 곳인데 공부를 방해하면 안 됩니다.

수 빈: 휴대 전화기가 있으면 오히려 공부에 도움이 됩니다. 친구들과 얘기를 나누거나 책을 읽 다가 모르는 것이 있으면 바로 검색해 볼 수 있습니다. 그리고 수업 시간에 휴대 전화기를 끄지 않은 사람에게는 벌칙을 주면 됩니다.

은 석: 우리 반 친구 모두가 휴대 전화기를 가지고 있는 건 아닙니다. 휴대 전화기가 없는 친구는 있는 친구들과 **소통**이 어려울 수 있습니다. 그리고 **위화감**을 느낄 수도 있습니다. 그러니 까 모두 휴대 전화기를 학교에 가지고 오지 않으면 좋겠습니다.

영 지: 휴대 전화기가 있으면 쉬는 시간이나 학원에 가는 동안처럼 시간이 날 때 게임을 하면서 스트레스를 풀 수 있습니다. 따라서 휴대 전화기를 가지고 다녀도 좋다고 생각합니다.

성 우: 게임의 **긍정적인** 면도 있지만 너무 즐기다 보면 **중독**되기도, 시력이 나빠지기도 합니다. 또 게임하는 모습을 보면 다른 친구들도 게임을 하고 싶어지므로 휴대 전화기를 학교에 가지고 오지 않는 게 좋겠습니다.

정 연: 지금까지 찬성과 반대의 의견을 들어 보았습니다. 그러면 '휴대 전화기를 학교에 가지고 다녀도 되는가'에 대한 **찬반** 투표를 진행하겠습니다.

**안건** 회의를 하거나 조사해야 할 사실. 案 안건 안 件 사건 건    **발언권** 회의에서 자기의 의견을 말할 수 있는 권리. 發 드러낼 발 言 말 언 權 권리 권    **난처한** 이럴 수도 없고 저럴 수도 없어 곤란한. 難 어려울 난 處 있을 처    **소통** 뜻이 서로 통하여 오해가 없음. 疏 통할 소 通 통할 통    **위화감** 서로 조화롭게 어울리지 못하는 어색한 느낌. 違 다를 위 和 화목할 화 感 느낄 감    **긍정적** 이롭거나 좋다고 여길 만한 것. 肯 옳다고 여길 긍 定 정할 정 的 과녁 적    **중독** 어떤 것을 지나치게 하여, 그것 없이는 견디지 못하는 상태. 中 가운데 중 毒 독 독    **찬반** 찬성과 반대를 아울러 이르는 말. 贊 참가할 찬 反 반대할 반

**1**

주제

이 토론의 안건은 무엇인가요? 빈칸에 알맞은 낱말을 쓰세요.

휴대 전화기를 [ ][ ]에 가지고 다녀도 되는가

**2**

배경
지식

㉠의 바른 뜻을 찾으세요.

① 어떤 문제의 해결책을 마련하기 위해 여러 사람이 다양한 의견을 내는 일.

② 어떤 문제에 대해 여러 사람이 찬성과 반대의 의견을 내는 일.

③ 어떤 사실을 여러 사람에게 공개하여 널리 알리는 일.

④ 상대편이 자신의 이야기를 따르도록 말하는 일.

⑤ 여러 사람이 모여 한 주제에 대해 함께 연구하는 일.

**3**

내용
파악

다음 찬성 의견의 근거 가운데 이 글에 실리지 <u>않은</u> 것을 찾으세요.

① 급하게 친구의 집에 가게 되었을 때 부모님께 연락을 드릴 수 있다.

② 모르는 것이 있으면 바로 검색해 볼 수 있다.

③ 시간이 날 때 게임을 하면서 스트레스를 풀 수 있다.

④ 학교나 학원에서 갑자기 일이 생겼을 때 부모님께 바로 연락할 수 있다.

⑤ 휴대 전화 대화방에서 친구들과 의견을 주고받을 수 있다.

**4** 다음 중 반대 의견을 주장하지 <u>않은</u> 사람을 찾으세요.

내용 파악

① 미주          ② 성현          ③ 은석

④ 영지          ⑤ 성우


**5** 다음 중 앞 글에서 찬성이나 반대 가운데 어떤 의견도 주장하지 <u>않은</u> 사람을 찾으세요.

내용 파악

① 정연          ② 재민          ③ 지윤

④ 수빈          ⑤ 영지


**6** 휴대 전화기를 학교에 가지고 다니는 것에 여러 사람이 각자 근거를 들어 반대 의견을 밝혔습니다. 이것 외의 반대 의견 근거로 가장 알맞은 것을 고르세요.

적용

① 휴대 전화기 가격이 많이 저렴해졌다.

② 부모님의 급한 연락을 받을 수 있다.

③ 복도나 계단에서 휴대 전화기를 보며 걷다가 넘어져 다칠 수 있다.

④ 날씨를 미리 알고 대비할 수 있다.

⑤ 친구들과 언제든 사진을 찍을 수 있다.


**7** 다음 중 수빈이의 주장과 근거에 가장 잘 어울리는 상황을 고르세요.

적용

① 국어 시간에 준후의 휴대 전화기가 울려 수업이 잠시 멈추었다.

② 민정이가 최신 휴대 전화기를 학교에 가져와 친구들이 모두 부러워했다.

③ 진우는 수업 시간에 모르는 내용을 적어 두었다가 쉬는 시간에 휴대 전화기로 검색했다.

④ 광진이는 휴대 전화기로 게임을 너무 많이 해서 시력이 나빠졌다.

⑤ 윤정이는 수업 시간에 게임을 하고 싶었지만 꾹 참고 쉬는 시간에 했다.

## 어휘력 기르기

**1단계** 다음 낱말의 뜻을 찾아 선으로 이으세요.

(1) 안건 •

(2) 소통 •

(3) 중독 •

• ㉠ 뜻이 서로 통하여 오해가 없음.

• ㉡ 회의를 하거나 조사해야 할 사실.

• ㉢ 어떤 것을 지나치게 하여, 그것 없이는 견디지 못하는 상태.

**2단계** 위에서 배운 낱말을 빈칸에 넣어 문장을 완성하세요.

(1) 나는 게임에 [          ] 되어 다른 일을 할 때에도 게임 생각을 한다.

(2) 자신의 의견만 주장하면 [          ] 이 이루어지지 않는다.

(3) 사회자가 회의의 [          ] 을 하나씩 차례로 말해 주었다.

**3단계** 다음 설명을 읽고, 빈칸에 알맞은 낱말을 골라 쓰세요.

感
느낄 감

위화감: 서로 조화롭게 어울리지 못하는 어색한 느낌.

자신감: 어떤 일을 스스로의 능력으로 충분히 할 수 있다는 느낌.

(1) 수현이는 어머니께 칭찬을 받고 나서 [          ] 을 되찾았다.

(2) 정은이는 비싼 물건을 가지고 다녀서 [          ] 이 들게 한다.

# 바다

박필상

바다는 엄마처럼
가슴이 넓습니다.
**온갖** 물고기와
조개들을 품에 안고
파도가
**칭얼거려도**
**다독다독** 달랩니다.

바다는 아빠처럼
못하는 게 없습니다.
㉠시뻘건 아침 해를
**번쩍** 들어 올리시고
배들도
갈매기 **떼**도
**둥실둥실** 띄웁니다.

**온갖** 이런저런 여러 가지의.　**칭얼거려도** 몸이 불편하거나 마음에 못마땅하여 짜증을 내며 자꾸 중얼거리거나 보채도.　**다독다독** 아기를 재우거나 달랠 때 몸을 가볍게 계속 두드리는 모양.　**번쩍** 물건을 매우 가볍게 들어 올리는 모양.　**떼** 목적이나 행동을 같이하는 무리.　**둥실둥실** 무엇이 공중이나 물 위에 가볍게 떠서 움직이는 모양.

**1** 이 시의 글감은 무엇인가요?

핵심어

① 바다      ② 엄마      ③ 파도

④ 아빠      ⑤ 갈매기

**2** 이 시에 대한 설명으로 옳지 <u>않은</u> 것을 고르세요.

내용
파악

① 각 연의 마지막 행에 흉내 내는 말이 쓰였다.

② 두 연 모두 7행씩으로 이루어졌다.

③ 말하는 이가 바다와 대화하듯이 표현했다.

④ 사람이 아닌 것을 사람처럼 표현했다.

⑤ 바다를 엄마와 아빠에 빗대어 표현했다.

**3** 바다가 엄마처럼 가슴이 넓다고 한 까닭을 고르세요.

내용
파악

① 배들을 띄워서.

② 갈매기 떼를 띄워서.

③ 파도가 칭얼거려도 달래서.

④ 시뻘건 아침 해를 들어 올려서.

⑤ 온갖 물고기와 조개로 요리를 맛있게 만들어서.

**4** 이 시를 낭송할 때 가장 어울리는 목소리를 고르세요.

감상

① 무서운 목소리      ② 슬픈 목소리      ③ 부끄러운 목소리

④ 다정한 목소리      ⑤ 쓸쓸한 목소리

**5** 밑줄 친 ㉠은 어떤 모습을 표현한 것인가요?

표현

① 해가 바다로 지는 모습.

② 해가 바다 위로 떠오르는 모습.

③ 해가 바다에 비친 모습.

④ 아빠가 해를 들어올리는 모습.

⑤ 아빠가 무거운 물건을 들어올리는 모습.


**6** 이 시의 말하는 이가 엄마나 아빠에게 느꼈던 것과 비슷한 경험을 한 사람은 누구인가요?

적용

① 성은: 엄마와 조개를 주워 목걸이를 만들었어.

② 지연: 부모님과 바다로 놀러 가서 해가 뜨는 모습을 보았어.

③ 승진: 지난주에 바닷가에 가서 부모님과 조개와 소라, 새우 등을 구워 먹었어.

④ 정규: 캠핑을 갔는데 아빠께서 텐트 치는 법을 모르셔서 주변에 도움을 청하셨어.

⑤ 재민: 열도 나고 기침이 심해 투정을 부렸는데도 엄마께서 밤새 나를 간호해 주셨어.


**7** 다음 설명을 읽고, '직유법'이 쓰이지 않은 문장을 고르세요.

표현

> 어떤 대상을, 성질이나 모양이 비슷한 다른 대상에 빗대어 나타내는 표현 방법을 '직유법'이라고 한다. '~처럼', '~같이', '~듯이' 등을 이용하여 표현한다.
>
> 예 바다는 엄마처럼 가슴이 넓습니다.

① 내 동생은 천사.

② 춤추듯이 출렁이는 바다.

③ 돌멩이같이 단단한 주먹.

④ 하늘이 바다처럼 푸르다.

⑤ 별처럼 반짝이는 아기 눈.

## 어휘력 기르기

**1단계** 다음 낱말의 뜻을 찾아 선으로 이으세요.

(1) 다독다독 •

(2) 번쩍 •

(3) 둥실둥실 •

• ㉠ 물건을 매우 가볍게 들어 올리는 모양.

• ㉡ 무엇이 공중이나 물 위에 가볍게 떠서 움직이는 모양.

• ㉢ 아기를 재우거나 달랠 때 몸을 가볍게 계속 두드리는 모양.

**2단계** 위에서 배운 낱말을 빈칸에 넣어 문장을 완성하세요.

(1) 바다 위에 배가 [          ] 떠 있다.

(2) 이모는 자장가를 부르며 [          ] 아기 등을 두드리셨다.

(3) 진이는 커다란 화분을 [          ] 들어 올려 마당에 내놓았다.

**3단계** 아래 문장을 읽고, 괄호에 공통으로 들어갈 '떼'나 '때'를 빈칸에 알맞게 쓰세요.

(1) [   ]
갈매기가 (        )를 지어 날아간다.

동생은 자전거를 사 달라고 어머니께 (        )를 썼다.

(2) [   ]
아버지와 함께 목욕탕에 가서 (        )를 밀었다.

여름 방학 (        ), 시골 외삼촌 댁에 놀러 가기로 했다.

옛날에 아들과 어머니가 함께 살고 있었습니다.

어느 날, 아들은 학교에서 친구의 공책을 훔쳐서 집에 가지고 왔습니다. 어머니는 그걸 보고 물었습니다.

"얘야, 이 공책 어디서 났니?"

아들은 사실대로 말했지만 어머니는 혼내지 않았습니다.

다음 날에는 **외투**를 훔쳐 와 어머니에게 주었습니다. 이번에도 어머니는 혼내기는커녕 기쁜 얼굴로 칭찬하였습니다.

시간이 흘러 아들은 어른이 되었습니다. 하지만 어른이 되어서도 도둑질은 멈추지 않았습니다. 하루는 남의 집에 들어가 보석을 훔치다가 병사들에게 잡히고 말았습니다.

아들은 손이 묶인 채 재판을 받았습니다. **법정**에 서 있는 아들의 모습을 보고 어머니는 눈물을 흘렸습니다. 재판이 끝나고 감옥으로 끌려가면서 아들은 어머니를 만나게 해 달라고 부탁했습니다.

"아들아, 이게 무슨 일이니! 어쩌다 이렇게 되었느냐!"

그때 아들이 어머니에게 말했습니다.

"어머니, 드릴 말씀이 있어요. 이리 가까이 와 주세요."

어머니가 다가가자 아들은 어머니 귀에 입을 가져갔습니다. 그러고는 어머니의 귀를 세게 깨물었습니다. 어머니는 아들에게 화를 내며 야단쳤습니다.

"아야! 이게 무슨 짓이니! 남의 물건을 훔친 것도 모자라 내 귀까지 깨물다니!"

그러자 아들은 어머니에게 말했습니다.

㉠ "제가 처음 물건을 훔쳤을 때 어머니께서 지금처럼 제 잘못을 **호되게** 꾸짖어 주셨어야 했어요. 그러셨다면 제가 도둑이 되어 감옥에 갇히는 일은 없었을 거예요."

– 이솝

**외투** 추위를 막기 위해 옷 위에 덧입는 겉옷. 外 바깥 외 套 씌울 투　　**법정** 법관(판사)이 재판을 하는 곳. 法 법 법 廷 관아 정　　**호되게** 매우 심하게.

**1** 이 글의 제목으로 가장 알맞은 것을 고르세요.

제목

① 아들의 공책

② 어머니의 재판

③ 도둑과 어머니

④ 도둑이 된 어머니

⑤ 도둑이 훔친 물건들

**2** 다음 대화 내용 가운데 하나에 이 글의 주제가 담겨 있습니다. 무엇일까요?

주제

① "얘야, 이 공책 어디서 났니?"

② "아들아, 이게 무슨 일이니! 어쩌다 이렇게 되었느냐!"

③ "어머니, 드릴 말씀이 있어요. 이리 가까이 와 주세요."

④ "아야! 이게 무슨 짓이니! 남의 물건을 훔친 것도 모자라 내 귀까지 깨물다니!"

⑤ "제가 처음 물건을 훔쳤을 때 어머니께서 지금처럼 제 잘못을 호되게 꾸짖어 주셨어야 했어
   요. 그러셨다면 제가 도둑이 되어 감옥에 갇히는 일은 없었을 거예요."

**3** 아들이 처음 훔친 것은 무엇인가요?

내용
파악

<br>

**4** 이 글에서 어머니가 아들을 키운 방법입니다. 가장 잘 나타낸 문장을 찾으세요.

내용
파악

① 엄하게 키웠다.                    ② 공부를 많이 시켰다.

③ 도둑질을 시켰다.                  ④ 못된 짓에도 칭찬했다.

⑤ 꿈을 찾아 이루도록 도와주었다.

**5** 이 글을 정리했습니다. 옳은 내용에는 ○표, 틀린 내용에는 X표 하세요.

내용 파악

(1) 아들은 아버지와 둘이서 살았다. ( )

(2) 아들은 학생 때부터 물건을 훔쳤다. ( )

(3) 어른이 된 아들은 남의 집에서 보석을 훔치다 잡혔다. ( )

(4) 어머니는 법정에 있는 아들을 무시했다. ( )

(5) 아들은 감옥에 가기 전에 어머니를 꼭 안아 주었다. ( )

(6) 아들은 자신이 도둑이 된 까닭을 어머니 탓으로 돌렸다. ( )

**6** ㉠을 들은 어머니는 어떤 생각을 했을까요? 가장 알맞은 것을 고르세요.

추론

① '그래. 내가 처음부터 잘못을 바로잡아 주었다면 좋았을 텐데. 내 책임이 크구나.'

② '내가 얼마나 힘들게 키웠는데 이런 말을 하다니. 괘씸하구나.'

③ '사람은 스스로 크는 거야. 나에게는 아무 잘못도 없어.'

④ '형제가 있었으면 저렇게 이기적인 생각을 하지 않았을 텐데.'

⑤ '죄를 지었으면 벌을 받아야지. 큰 벌을 받아야 할 텐데.'

**7** 다음 중 주제와 관련하여 이 글을 가장 잘 읽은 사람은 누구인가요?

감상

① 미주: 어머니 귀를 깨물다니. 아들은 무척 장난꾸러기인가 봐.

② 희진: 내 자식이 귀엽다고 무슨 일을 하든 칭찬하면 안 돼. 잘못을 저질렀으면 혼내야지.

③ 정연: 사람은 변하지 않아. 아들이 감옥에서 나와도 도둑질을 계속 할 거야.

④ 승우: 외투가 얼마나 멋졌기에 어머니가 칭찬했을까? 한번 보고 싶어.

⑤ 민준: 내가 아들이었다면 잡히지 않았을 텐데. 아들은 똑똑하지 않은 것 같아.

# 어휘력 기르기

**1단계**  '외'가 들어가는 낱말의 뜻을 찾아 선으로 이으세요.

外
바깥, 겉 **외**

(1) 외투 •

(2) 외모 •

(3) 외출 •

• ㉠ 추위를 막기 위해 옷 위에 덧입는 겉옷.

• ㉡ 잠시 밖으로 나감.

• ㉢ 겉으로 드러나 보이는 모양.

**2단계**  위에서 배운 낱말을 빈칸에 넣어 문장을 완성하세요.

(1) 현지는 [              ] 와는 다르게 성격이 무척 활발하다.

(2) 미세먼지가 많은 날에는 [              ] 하지 않는 것이 좋다.

(3) 찬 바람이 불어서 [              ] 를 꺼내어 입었다.

**3단계**  다음 뜻에 알맞은 낱말을 빈칸에 넣어 십자말풀이를 하세요.

(1) 법관이 재판을 하는 곳.

(2) 어떤 현상이나 일에 대해 느끼어 나타나는 마음이나 기분.

(3) 죄인을 가두어 두는 곳.

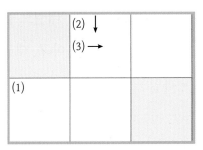

같은 집에서 함께 지내는 식구, 명절이나 기념일에 만나는 친척, 같은 반에서 만나는 친구. 우리는 우리 주변의 사람들과 여러 관계를 맺고 삽니다. 이와 마찬가지로, 낱말도 다른 낱말들과 여러 관계를 맺고 있습니다.

1. 뜻이 비슷한 관계

• 준영이와 혜수는 어릴 적부터 한 마을에서 삽니다.

• 준영이와 혜수는 어릴 적부터 한 동네에서 삽니다.

위 문장에서 '마을'과 '동네'는 서로 바꾸어 써도 문장의 뜻이 거의 달라지지 않습니다. 이런 낱말을 '비슷한말'이라고 합니다.

㉞ • **산울림** / 메아리,  • 학 / 두루미,  • 틈 / 사이,  • 지혜롭다 / 슬기롭다

2. 뜻이 반대인 관계

• 형은 키가 크다. 그러나 나는 키가 작다.

'크다'와 '작다'는 뜻이 반대인 낱말입니다. 이런 낱말을 '반대말'이라고 부릅니다.

㉞ • 위 / 아래,  • 좋다 / 싫다,  • 차갑다 / 뜨겁다,  • 굵다 / 가늘다

3. 포함하는 관계, 포함되는 관계

• 윤지는 운동을 좋아합니다.

• 윤지는 수영, 야구, 태권도를 좋아합니다.

'운동'은 '수영', '야구', '태권도'를 모두 포함합니다. 이때, '운동'처럼 다른 낱말을 포함하는 말을 '상위어'라고 하고, '수영, 야구, 태권도'와 같이 다른 낱말에 포함되는 말을 '하위어'라고 합니다.

㉞ • 과일 – 사과, 배, 감        • 꽃 – 장미, 국화, 진달래

4. 말소리는 같지만, 뜻이 전혀 다른 관계

• 배1: 사람이나 동물의 몸에서 내장이 들어 있는 곳.

- 배2: 사람이나 짐 등을 싣고 물 위로 떠다니도록 만든 물건.
- 배3: 배나무의 열매.

이 낱말들은, 소리는 같지만 뜻은 서로 어떤 관계도 맺고 있지 않습니다. 이런 낱말을 '동음이의어'라고 합니다.

5. 한 낱말에 여러 뜻이 있는 관계
- 먹다 「1」: 음식물을 입어 넣어 삼키다.
　　　「2」: 어떤 마음이나 감정을 품다.
　　　「3」: 나이를 더하다.

이 낱말에는 중심 의미와 그 중심 의미에서 확장된 주변 의미가 있습니다. 이러한 낱말을 '다의어'라고 합니다.

**산울림** 소리가 산이나 절벽 따위에 부딪쳐 되돌아 울리는 소리.

---

**1** 이 글의 글감은 무엇인가요?

핵심어

① 비슷한말　　　　② 반대말　　　　③ 상위어와 하위어

④ 낱말의 관계　　　⑤ 낱말 뜻의 확장

**2** 다음 문장을 읽고 맞으면 ○표, 틀리면 X표 하세요.

내용
파악

(1) 다른 낱말을 포함하는 말을 하위어라고 한다. 　　　　　　　　　( 　　　 )

(2) 말소리는 같지만 뜻이 다른 낱말을 동음이의어라고 한다. 　　　( 　　　 )

(3) 여러 뜻을 가진 낱말을 다의어라고 한다. 　　　　　　　　　　　( 　　　 )

(4) 다의어에는 중심 의미와 주변 의미가 있다. 　　　　　　　　　　( 　　　 )

(5) 뜻이 비슷한 말이라고 해도 낱말을 바꾸어 쓰면 문장의 뜻이 완전히 달라진다. 　( 　　　 )

**3** 이 글에서 설명하지 <u>않은</u> 낱말은 어느 것인가요?

내용
파악

① 반대말　　　　　② 존댓말　　　　③ 다의어

④ 비슷한말　　　　⑤ 동음이의어

**4** 다음 낱말들의 관계를 찾아 바르게 짝지으세요.

적용

(1) 살갗 – 피부 •

(2) 두껍다 – 얇다 •

(3) 동물 – 고양이 •

• ㉠ 뜻이 반대인 관계

• ㉡ 포함하는 관계

• ㉢ 뜻이 비슷한 관계


**5** 다음 낱말의 '하위어'가 아닌 것을 고르세요.

적용

채소   ① 당근   ② 오이   ③ 미역   ④ 가지   ⑤ 배추


**6** 밑줄 친 낱말의 뜻을 연결한 뒤에, 동음이의어이면 '동', 다의어이면 '다'라고 쓰세요.

적용

(1) ① 사람은 말로 생각을 전달한다. •

② 제주도에서 말을 탄 적이 있다. •

• ㉠ 다리가 길어 잘 달리는 초식 동물.

• ㉡ 사람의 생각이나 느낌 등을 나타내는 소리.

(2) ① 오래 걸었더니 다리가 아프다. •

② 의자 다리가 부러졌다. •

• ㉠ 사람이나 동물의 몸 아래에 붙어 있는 부분.

• ㉡ 물체의 아래에 붙어 그 물체를 받치는 부분.


**7** 다음 문장에 공통으로 들어갈 동음이의어를 쓰세요.

적용

① 하늘에서 (       )이 내린다.

② 세영이는 (       )이 나빠서 안경을 쓴다.

**1단계**　다음 낱말의 뜻을 찾아 줄로 이으세요.

(1) 산울림　●

(2) 틈　●

● ㉠ 무엇을 할 만한 시간적 여유.

● ㉡ 소리가 산이나 절벽 따위에 부딪쳐 되돌아 울리는 소리.

**2단계**　위에서 배운 낱말을 빈칸에 넣어 문장을 완성하세요.

(1) 집으로 돌아온 연주는 쉴 [　　　　　　　] 도 없이 학원으로 향했다.

(2) 산꼭대기에서 지른 함성이 [　　　　　　　] 이 되어 울려왔다.

**3단계**　설명을 읽고, 밑줄 친 낱말의 뜻을 찾아 번호를 쓰세요.

| 손 | ① 사람의 팔목 끝에 달린 부분. |
| --- | --- |
| | ② 손가락. |
| | ③ 일하는 사람. |
| | ④ 어떤 일을 하는 데에 드는 사람의 힘이나 노력. |

(1) 옷을 만드는 일에는 <u>손</u>이 많이 간다.　　　　　　( 　　　 )

(2) 외출 후에는 <u>손</u>을 깨끗이 씻어야 한다.　　　　　( 　　　 )

(3) 동생은 <u>손</u>을 꼽아 가면서 덧셈을 한다.　　　　　( 　　　 )

(4) 농번기에는 <u>손</u>이 부족하다.　　　　　　　　　( 　　　 )

\* **농번기** 농사일이 가장 바쁜 시기.

무더운 여름날, 길에서 부채를 나눠 주며 에너지 절약 **캠페인**을 벌이는 사람들을 본 적이 있나요? 이러한 사람들처럼 더 좋은 사회나 나라를 만들기 위해 시민들이 스스로 만들어 활동하는 **조직**을 시민 단체라고 합니다.

시민 단체는 대부분 사회 전체의 이익을 위해서 활동합니다. 정부가 시행하는 **정책**을 분석하여 감시하거나 비판하며, **대안**을 제시하기도 합니다. 또 정부가 하는 일을 시민들에게 널리 알리고, **정부**나 **지방 자치 단체**에 시민들의 요구를 전달합니다. 시민 단체는 주로 회원들의 회비와 시민들의 **자발적**인 도움으로 운영됩니다.

시민 단체에는 다양한 종류가 있습니다. 정치나 사회뿐 아니라, 경제, 환경, 노동, 교육 등과 관련해 일하는 다양한 시민 단체가 있습니다.

경제 관련 시민 단체는 바른 소비나 우리 농산물 애용 등을 홍보하거나 경제 문제를 해결하기 위한 활동을 합니다. 녹색소비자연대, 소비자공익네트워크 등이 있습니다.

환경 관련 시민 단체는 기업이나 국가가 환경을 해치지 못하도록 감시하고, 자연환경을 보전하기 위해 활동합니다. 또 환경 오염 문제를 해결하기 위하여, 환경의 중요성을 알리고 시민들의 참여를 **호소**하는 캠페인을 벌이기도 합니다. 녹색연합, 환경운동연합 등이 있습니다.

교육 관련 시민 단체는 좋은 교육 환경을 마련하도록 정부에 요구하고, 청소년 교육과 어린이 보호 등의 문제 해결을 위해 노력합니다. 참교육을 위한 전국 학부모회 등이 활동하고 있습니다.

이 외에도 장애인의 **복지**와 **권익**을 위한 한국장애인단체총연맹, 학교 폭력이나 왕따로 고민하는 청소년들을 위한 푸른나무재단 등도 있습니다.

세계의 이익을 위해 노력하는 시민 단체도 있습니다. '국경없는의사회'는 전쟁이나 굶주림, 질병 등으로 고통받는 사람들을 돕는 국제 의료 활동 단체입니다. '그린피스'는 환경 파괴를 막고 생태계를 **보전**하기 위해 활동하는 국제 환경 보호 단체입니다.

**캠페인** 어떤 목적을 이루기 위해 사람들에게 오랫동안 하는 활동. campaign    **조직** 특정한 목적을 이루기 위해 사람들이 이룬 집단. 組 짤 조 織 짤 직    **정책** 사회적인 문제를 해결하거나, 정치적 목적을 실현하기 위한 방법. 政 정사 정 策 꾀 책    **대안** 이미 세운 계획이나 방법을 대신할 만한 더 좋은 것. 代 대신할 대 案 생각 안    **정부** 나라에 관한 여러 가지 일을 처리하는 국가의 기관. 政 정사 정 府 관청 부    **지방 자치 단체** 국가 영토의 일부에서 법이 인정하는 지배권을 소유하는 단체. 地 땅 지 方 장소 방 自 스스로 자 治 다스릴 치 團 단체 단 體 몸 체    **자발적** 자기 스스로 원해서 하는 것. 自 스스로 자 發 일어날 발 的 과녁 적    **호소** 어떤 일에 참여하도록 마음이나 감정 등을 불러일으킴. 號 부르짖을 호 召 부를 소    **복지** 사람들이 건강하고 편안하고 행복하게 살 수 있게 갖추어진 사회 환경. 福 복 복 祉 복 지    **권익** 권리와 그에 따르는 이익. 權 권리 권 益 이익 익    **보전** 온전하게 보호하여 유지하는 것. 保 지킬 보 全 온전할 전

**1** 이 글에서 가장 중요한 말은 무엇인가요?

핵심어

① 정부            ② 사회            ③ 캠페인

④ 시민 단체        ⑤ 지방 자치 단체

**2** 시민 단체에 대한 설명으로 바른 것을 고르세요.

내용
파악

① 국가가 만든 단체다.

② 시민들이 낸 세금으로만 운영된다.

③ 대부분 사회 전체의 이익을 위해 활동한다.

④ 시민 단체의 우두머리는 대통령이다.

⑤ 정치, 사회, 경제, 환경과 관련된 단체만 해당된다.

**3** 시민 단체가 하는 일로 바르지 <u>않은</u> 것을 고르세요.

내용
파악

① 나라의 살림을 맡아서 한다.

② 정부의 정책을 분석한다.

③ 사회 문제를 해결하기 위해 노력한다.

④ 정부가 하는 일을 시민들에게 알린다.

⑤ 정부의 정책을 비판하거나 대안을 제시한다.

**4**

학교에서 어떤 친구들이 다른 친구 한 명을 따돌리고 괴롭히는 모습을 보았습니다. 어느 시민 단체에 도움을 요청하는 게 좋을까요?

① 환경운동연합　　　　　　　　② 푸른나무재단

③ 그린피스　　　　　　　　　　④ 녹색소비자연대

⑤ 녹색연합

**5**

다음과 같은 활동을 하는 시민 단체는 어디일까요?

> 우리나라의 자연을 지키기 위해 설립된 단체다. 이 단체는 환경 파괴를 감시하고, 야생 동물과 그 동물들이 살 땅을 지키기 위해 노력한다.

① 녹색연합　　　　② 소비자공익네트워크　　　　③ 푸른나무재단

④ 한국장애인단체총연맹　　　　⑤ 국경없는의사회

**6**

다음은 국제적인 시민 단체입니다. 설명에 알맞은 단체의 번호를 괄호 안에 쓰세요.

> ① 해비타트　　　　　② 세이브더칠드런

(1) 전 세계 아동의 권리를 찾아 주는 시민 단체다. 굶주림과 질병으로 고통받는 아이들에게 식량을 지원하고 의료 봉사를 한다. 또 학교를 지어 주고 폭력으로부터 어린이를 보호하는 등의 활동을 하고 있다.　　（　　）

(2) 집이 없는 가정이나 열악한 주거 환경에 놓인 사람들의 주거 문제를 해결하기 위해 설립된 단체다. 화재, 홍수 등으로 집을 잃거나, 낡은 주거 환경으로 어려움을 겪는 사람들을 위해 집을 지어 준다.　　（　　）

**1단계**    다음 낱말의 뜻을 찾아 선으로 이으세요.

(1) 대안 •

• ㉠ 어떤 일에 참여하도록 마음이나 감정 등을 불러일으킴.

(2) 자발적 •

• ㉡ 이미 세운 계획이나 방법을 대신할 만한 더 좋은 것.

(3) 호소 •

• ㉢ 자기 스스로 원해서 하는 것.

**2단계**    위에서 배운 낱말을 빈칸에 넣어 문장을 완성하세요.

(1) 준구는 자신을 회장으로 뽑아 달라고 친구들에게 [        ] 했다.

(2) 아무도 시키지 않았지만 동주는 [        ] 으로 봉사 활동에 참여했다.

(3) 내 의견에 반대한다면 [        ] 을 내놓아 봐.

**3단계**    낱말 풀이를 읽고, 빈칸에 알맞은 낱말을 넣어 문장을 완성하세요.

(1) 문화재를 잘 [  ][  ] 해야 한다.

* 온전하게 보호하여 유지하는 것.

(2) 아버지는 장애인의 [  ][  ] 향상을 위해 노력하신다.

* 사람들이 건강하고 편안하고 행복하게 살 수 있게 갖추어진 사회 환경.

언니, 안녕? 나 지현이야. 잘 지내지?

나는 지난 토요일에 부여로 가족 여행을 다녀왔어. 언니가 한국에 있을 때 그렇게 부여에 가고 싶어 했는데. 이번에 함께 가지 못해서 정말 아쉽더라. 그 대신 내가 부여에서 ㉠<u>보고 들은 것</u>과 느낀 감정을 언니에게 조금이라도 전해 주고 싶어서 이렇게 편지를 써.

우리 가족이 부여에 도착해서 제일 먼저 간 곳은 '부소산성'이야. 부소산성은 백제의 **수도**였던 부여를 지키기 위해 부소산 위에 쌓은 큰 성이래. 산성 안에는 삼충사와 영일루, 고란사, 낙화암 등 많은 **유적지**가 있었어. 특히 낙화암은 백제가 신라와 당나라의 침략으로 망했을 때 **삼천 궁녀**가 절벽 아래로 흐르는 백마강에 몸을 던졌다는 전설로 유명해. 산성의 곳곳을 둘러보다 보니 땀은 조금 났지만, 가족들과 백제의 다양한 유적지를 볼 수 있어서 좋았어.

우리가 다음으로 간 곳은 '능산리 **고분군**'이야. '부여왕릉원'이라고 부르기도 하는데, 말 그대로 백제 왕들의 무덤이 모여 있는 곳이었어. 무덤이 모두 7개 있는데, 대부분이 **도굴**당해서 누구의 무덤인지는 알 수가 없다고 하더라. 정말 슬프고 안타까운 일이지? 그래도 무덤 안으로 직접 들어가 볼 수 있어서 신기했어. 그리고 백제 왕들의 무덤을 어떻게 만들었는지 알 수 있어 유익한 시간이었어.

점심을 맛있게 먹고 향한 곳은 '정림사지'야. 안타깝게도 절은 모두 없어졌고 5층 **석탑**과 **석불 좌상**만 남아 있어. 정림사지 5층 석탑은 익산에 있는 미륵사지 석탑과 함께 우리나라에 딱 2개 남아 있는 백제 석탑이래. 가까이 다가가서 보니 단순하면서도 **정교하게** 쌓아 올린 탑의 모습이 아주 아름다웠어. 우리 조상들이 남긴 훌륭한 문화유산을 잘 보존해서 후손들에게 꼭 물려줘야겠다는 생각이 들더라.

정림사지를 떠나 우리가 마지막으로 간 곳은 '국립 부여 박물관'이야. 국립 부여 박물관은 규모가 그리 크지 않았지만 **상설** 전시실 4개에 야외 전시장까지 있었어. 백제 사람들의 집, 음식, 도구, 옷과 장신구 등을 친절한 설명과 함께 볼 수 있어서 시간 가는 줄 모르고 구경했어. ㉡<u>언니도 함께 왔으면 참 좋았을 텐데</u>……

부여를 떠나면서 내가 갔던 곳을 머릿속으로 다시 떠올려 봤어. 역사적인 유적들을 직접 눈으로 구경하며 백제와 더 가까워질 수 있어서 굉장히 뜻깊고 행복한 시간이었어. 한편으로는 다른 백제 유적들을 보지 못해서 아쉬운 마음도 들더라.

다음에는 언니와 함께 부여에 가면 좋겠다. 항상 건강하길 바라. 답장 기다릴게. 안녕.

**수도** 한 나라의 중앙 정부가 있는 도시. 首 머리 수 都 도시 도　**유적지** 건축물이나 싸움터 등 역사적인 사건이 벌어졌던 흔적이 남아 있는 곳. 遺 남길 유 跡 자취 적 地 땅 지　**삼천 궁녀** 백제가 망할 때 왕족과 함께 부여의 낙화암에서 백마강에 떨어져 죽었다는 궁녀들. 三 셋 삼 千 일천 천 宮 궁궐 궁 女 여자 녀　**고 분군** 옛날에 만들어진 무덤이 여러 개 모여 있는 지역. 古 옛 고 墳 무덤 분 群 무리 군　**도굴** 법적 절차나 관리자의 허가를 따르지 않고 옛날 무덤 등을 몰래 파냄. 盜 도둑질 도 掘 팔 굴　**석탑** 돌을 이용하여 쌓은 탑. 石 돌 석 塔 탑 탑　**석불 좌상** 돌로 만든, 앉아 있는 부처님의 모습을 표현한 상. 石 돌 석 佛 부처 불 坐 앉을 좌 像 모양 상　**정교하게** 솜씨나 기술 등이 빈틈이 없고 자세하게. 精 정교할 정 巧 솜씨가 있을 교 **상설** 언제든지 이용할 수 있도록 설비와 시설을 갖추어 둠. 常 항상 상 設 베풀 설

---

**1**

형식과 내용에 따라 이 글의 종류를 다르게 볼 수 있습니다. 이 글을 형식상 편지라고 하면, 내용 상으로는 어떤 글에 가장 가까운가요?

① 소설　　　　　② 시　　　　　③ 희곡

④ 논설문　　　　⑤ 기행문

**2**

㉠을 무엇이라고 하나요?

① 주장　　　　　② 여정　　　　　③ 견문

④ 감상　　　　　⑤ 근거

**3**

지현이네 가족이 부여에서 가지 않은 곳을 고르세요.

① 부소산성　　　② 능산리 고분군　　　③ 미륵사지

④ 정림사지　　　⑤ 국립 부여 박물관

**4** 다음 설명이 말하는 곳을 앞 글에서 찾아 쓰세요.

내용
파악

> 충청남도 부여군 부여읍 부소산에 있는 큰 바위. 백제가
> 망할 때 삼천 궁녀가 이 바위에서 백마강에 몸을 던져 죽었
> 다는 전설이 있다.

[                    ]

**5** 이 글의 내용과 <u>다른</u> 것을 고르세요.

내용
파악

① 부여는 백제의 수도였다.

② 부소산성에는 삼충사와 영일루, 고란사 등 많은 유적지가 있다.

③ 능산리 고분군에는 무덤이 모두 7개 있다.

④ 정림사지 5층 석탑은 현재 유일하게 남아 있는 백제 석탑이다.

⑤ 국립 부여 박물관에는 상설 전시실 4개와 야외 전시장이 있다.

**6** ⓛ에서 느낄 수 있는 지현이의 감정을 고르세요.

추론

① 기쁨                ② 아쉬움                ③ 부끄러움

④ 설렘                ⑤ 두려움

**7** 다음 유물에 대한 설명을 읽고 빈칸에 들어갈 곳을 <u>다섯 글자</u>로 쓰세요.

적용

'백제 금동 대향로'는 1993년 부여 능산리에 있는 백제 왕
들의 무덤인 [                    ]에서 발
견되었다. 향로란 향을 피우기 위해 숯불을 담아 놓고 쓰는 그
릇을 말한다. 주로 종교 의식이나 제사를 진행할 때에 사용했
다. 백제 금동 대향로는 화려한 장식과 과학적인 설계가 돋보
이는 백제의 대표 유물이다.

# 어휘력 기르기

8 문제 가운데 (　　　) 문제 맞힘

**1단계** 다음 낱말들의 뜻을 바르게 이으세요.

(1) 유적지 •

(2) 도굴 •

(3) 상설 •

• ㉠ 건축물이나 싸움터 등 역사적인 사건이 벌어졌던 흔적이 남아 있는 곳.

• ㉡ 언제든지 이용할 수 있도록 설비와 시설을 갖추어 둠.

• ㉢ 법적 절차나 관리자의 허가를 따르지 않고 옛날 무덤 등을 몰래 파냄.

**2단계** 다음 문장의 빈칸에 알맞은 낱말을 위에서 찾아 쓰세요.

(1) 사람들이 이 무덤을 [　　　　　　] 하여 문화재를 훔쳐 갔다.

(2) 서울에도 조상들의 숨결을 느낄 수 있는 [　　　　　　] 가 많이 있다.

(3) 이 박물관에서는 백제의 유물을 [　　　　　　] 전시실에서 공개하고 있다.

**3단계** 다음 설명을 읽고 밑줄 친 부분의 알맞은 뜻을 골라 번호를 쓰세요.

> 수도 ┊ ① 한 나라의 중앙 정부가 있는 도시.
>
> ┊ ② 먹는 물이나 공장 등에서 쓰는 물 등을 관을 통하여 보내 주는 설비.
>
> \* **설비** 필요한 물건이나 장치를 갖춘 시설.

(1) 옛날에는 수도가 없어 우물이나 강에서 물을 떠다 마셨다. (　　　)

(2) 서울은 대한민국의 수도다. (　　　)

## 이상 없음

김영기

"벌레 먹어
㉠ 숭숭 뚫렸어요.
내다 버려요."

**텃밭**에서 캐어 온
배추를 보며
먹을 게 없다고 내가 말했죠.

"벌레가
먼저 먹어 보고
'이상 없음'을
알려 주는 것이란다."

**농약**을
치지 않아
**무공해** 식품이라며
아빠와 나는 **쌈**을 하지요
'아삭아삭!'

---

**텃밭** 집터 안에 있거나 집 가까이 있는 밭.    **농약** 농작물(논밭에 심어 가꾸는 곡식이나 채소)에 해로운 벌레, 병균, 잡초 등을 없애거나 농작물이 잘 자라게 하는 약품. 農 농사 농 藥 약 약    **무공해** 자연이나 사람에게 피해를 주지 않음. 無 없을 무 公 여럿 공 害 해칠 해    **쌈** 밥이나 고기, 반찬 등을 상추, 배추, 호박잎 등에 싸는 일.

**1** 이 시의 내용을 가장 잘 나타낸 문장을 찾으세요.

내용 파악

① 벌레가 먹은 것은 농약을 안 쳤다는 증거이므로 그 채소를 마음 놓고 먹어도 된다.

② 벌레가 먹은 채소는 더러우므로 먹으면 안 된다.

③ 농약을 친 채소는 공해 식품이므로 먹으면 안 된다.

④ 배추는 밥을 싸 먹을 때 가장 맛있다.

⑤ 무공해 식품인지 알아보기 위해 채소를 벌레에게 먼저 먹여 봐야 한다.

**2** 말하는 이와 아빠는 무엇을 보고 있나요?

내용 파악

① 벌레                    ② 텃밭

③ 배추                    ④ 농약

⑤ 엄마

**3** 이 시에서 말하는 이의 말이 직접 담긴 것은 몇 연인가요?

내용 파악

☐ 연

**4** 이 시의 특징이 <u>아닌</u> 것을 찾으세요.

내용 파악

① 4연 15행으로 이루어졌다.

② 대화 내용이 담겨 있다.

③ 흉내 내는 말이 쓰였다.

④ 말하는 이는 벌레를 안쓰럽게 생각하고 있다.

⑤ 주제를 강조하기 위해 작은따옴표를 사용했다.

**5** ㉠ 대신 쓰기 어려운 낱말을 찾으세요.

어휘

① 송송　　　　　　② 뽕뽕　　　　　　③ 퐁퐁

④ 빵빵　　　　　　⑤ 총총

**6** 주제와 관련하여 이 시를 가장 잘 읽은 사람은 누구인가요?

감상

① 영민: 벌레가 먹어 구멍이 뚫린 채소는 모두 버려야 되겠어.

② 준수: 벌레가 먹은 채소를 먹지 않고 버렸던 과거를 반성하게 되었어.

③ 희준: 농약을 친 채소를 먹은 벌레들은 건강이 어떨지 궁금해.

④ 태우: 이젠 구멍이 뚫린 채소만 골라서 먹어야겠어.

⑤ 재현: 텃밭에서 키운 채소가 제일 안전해. 부모님께 텃밭을 만들어 달라고 해야겠어.

**7** 이 시를 일기로 바꾸어 써 보았습니다. 괄호 안에 알맞은 낱말을 쓰세요.

내용
파악

| 5월 17일 토요일　비가 내릴 듯 말 듯 |
|---|
| 쌈 |
| 부모님께서 (1) (　　　　　　　　)에서 배추를 캐어 오셨다. 그런데 배춧잎에는 구멍이 숭숭<br>뚫려 있었다. 난 그 모습을 보고 아버지께 말씀을 드렸다. |
| "벌레 먹어 숭숭 뚫렸어요. 내다 버려요." |
| "벌레가 먼저 먹어 보고 '(2) (　　　　　　　) 없음'을 알려 주는 것이란다." |
| 아버지와 나는 배추로 (3) (　　　　　　　)을 싸 먹었다. |

## 어휘력 기르기

**1단계** 다음 낱말의 뜻을 찾아 선으로 이으세요.

(1) 이상 •
 • ㉠ 집터 안에 있거나 집 가까이 있는 밭.

(2) 농약 •
 • ㉡ 정상적인 상태와 다름.

(3) 텃밭 •
 • ㉢ 농작물에 해로운 벌레, 병균, 잡초 등을 없애거나 농작물이 잘 자라게 하는 약품.

**2단계** 위에서 배운 낱말을 빈칸에 넣어 문장을 완성하세요.

(1) 지은이는 몸에 [　　　　　] 을 느껴 병원에 갔다.

(2) 할아버지는 안전한 농작물을 기르기 위해 [　　　　　] 을 치지 않으신다.

(3) 할머니는 [　　　　　] 에 고추, 옥수수, 호박을 심으셨다.

**3단계** 다음 설명을 읽고, 빈칸에 알맞은 낱말을 쓰세요.

| 無 없을 무 | 무조건: 이러저러한 조건을 따지지 않고.<br>무공해: 자연이나 사람에게 피해를 주지 않음. |
|---|---|

(1) 어머니는 [　　　　　] 재료로 음식을 만들어 주신다.

(2) 아버지는 내 말이라면 [　　　　　] 믿어 주신다.

　옛날 어느 마을에 김 서방네와 이 서방네가 살았습니다. 두 집은 식구 수도, 사는 형편도 비슷했습니다. 다른 게 있다면 김 서방은 항상 화난 표정, 이 서방은 언제나 웃는 표정으로 지낸다는 점이었습니다. 김 서방네 집에서는 매일 **티격태격** 싸우는 소리가 났고, 이 서방네 집에서는 웃음이 끊이지 않았습니다.

　하루는 김 서방네 소가 **고삐**를 끊고 **외양간**을 달아났습니다.

　"저놈의 소 잡아라!"

　김 서방은 소를 잡으려고 이리저리 뛰어다녔습니다. 그러다 동네 사람들의 도움으로 겨우 소를 잡았습니다. 소를 몰고 집으로 돌아온 김 서방은 아내에게 버럭 소리쳤습니다.

　"아침에 소에게 **여물**도 안 먹이고 뭐 했소? 소가 배고파서 뛰쳐나간 게 아니오!"

　그러자 아내는 곁에 있던 아들을 나무랐습니다.

　"너는 눈을 어디에 달고 다니니? 아니, **코앞**에서 소가 고삐 끊는 것도 못 봤어?"

　그러자 아들은 아버지를 원망했습니다.

　"아버지께서 **애초**에 고삐를 대충대충 매어 놓으셔서 이런 일이 일어났잖아요!"

　이렇게 서로 **옥신각신** 다퉜습니다. 그러다가 김 서방은, 이웃에 사는 이 서방네는 어떻게 싸움 한 번 하지 않고 **화목하게** 잘 사는지 궁금했습니다. 그래서 이 서방을 찾아가서 소 때문에 싸운 이야기를 했습니다.

　"자네 집이라면 그래도 안 싸웠겠는가?"

　"우리 집에서도 소가 고삐를 끊고 나간 일이 있었지. 그때 나는 달아난 소를 몰고 집으로 돌아와서 '고삐를 단단히 매어 두지 않은 내 잘못이오.' 하고 내 탓을 했지. 그랬더니 아내가 '아니에요. 제가 아침에 여물을 든든히 줬더라면 소가 얌전했을 텐데. 다 제 잘못이에요.' 하고 사과하더군. 그러자 옆에서 듣고 있던 딸이 '어머니, 그런 말씀 마세요. 소가 달아날 때 가까이 있던 제가 얼른 잡지 못한 탓이에요.' 하고 말했다네. 그러니 싸움이 날 리가 있나. 서로 자기 탓이라고 우기다가 금세 웃음이 터졌지."

　"그렇군. 자네 집안이 화목한 **비결**이 ㉠ 그것이었군! 이 서방, 고맙네."

김 서방은 기분 좋게 집으로 돌아갔습니다.

- 전래 동화

**티격태격** 서로 뜻이 맞지 않아 옳고 그름을 따지며 말다툼을 하는 모양.　**고삐** 소나 말을 몰려고 손으로 잡고 끄는 줄.　**외양간** 소나 말을 기르는 곳.　**여물** 소나 말을 먹이려고 말려서 썬 짚이나 마른 풀.　**코앞** 아주 가까운 곳.　**애초** 맨 처음.　**옥신각신** 옳으니 그르니 하며 서로 다투는 모양.　**화목하게** 서로 뜻이 맞고 정답게. 和 화목할 화 睦 화목할 목　**비결** 남이 알지 못하는, 자기만의 독특하고 효과적인 방법. 祕 숨길 비 訣 비결 결

**1** 이 글에 쓰인 낱말을 넣어 제목을 지어 보세요.

제목

집안이 ☐☐ 한 비결

**2** 이 글의 내용과 <u>다른</u> 것을 고르세요.

내용 파악

① 김 서방네 집에서는 매일 싸우는 소리가 났다.

② 김 서방네 소가 고삐를 끊고 달아났다.

③ 이 서방네 식구들은 사이가 좋다.

④ 이 서방네는 소가 달아난 일로 식구들이 서로 다퉜다.

⑤ 김 서방네와 이 서방네는 식구 수, 사는 형편 등이 비슷하다.

**3** 이 서방네 식구들의 대화를 보며 떠올릴 수 있는 속담은 무엇인가요?

적용

① 소 잃고 외양간 고친다

② 고래 싸움에 새우 등 터진다

③ 가는 말이 고와야 오는 말이 곱다

④ 간에 붙었다 쓸개에 붙었다 한다

⑤ 낮말은 새가 듣고 밤말은 쥐가 듣는다

**4** 김 서방이 항상 화난 표정을 하고 있는 까닭은 무엇인가요?

내용
파악

① 욕심이 많아서.  ② 식구들과 자주 다퉈서.

③ 이 서방이 놀려서.  ④ 사람들에게 무섭게 보이려고.

⑤ 원래 화난 인상이라서.


**5** ㉠의 '그것'이 뜻하는 것은 무엇인가요?

내용
파악

① 어떤 일의 문제점을 자신에게서 찾는 것.  ② 큰소리치지 않는 것.

③ 말다툼을 피하는 것.  ④ 서로를 보고 웃는 것.

⑤ 다른 사람의 말을 잘 듣는 것.


**6** 이 서방네 식구들의 특징 <u>두 개</u>를 고르세요.

내용
파악

① 다정하게 말한다.  ② 상대방을 탓한다.

③ 말을 함부로 한다.  ④ 자신의 잘못을 먼저 생각한다.

⑤ 자신에게는 너그럽고 상대방에게는 엄격하다.


**7** 다음 중 이 서방과 닮은 사람은 누구인가요?

적용

① 아이들이 떠들어서 수학 문제를 틀렸다는 유정.

② 동생이 놀아 달라고 보채서 숙제를 못 했다는 우혁.

③ 친구가 부르는 소리에 빨리 달려가다가 넘어졌다는 서현.

④ 엄마가 아침 일찍 깨우지 않아서 학교에 지각했다는 재민.

⑤ 평소에 열심히 공부하지 않은 탓에 시험을 못 봤다는 세진.

**1단계** 다음 낱말의 뜻을 찾아 선으로 이으세요.

(1) 여물　●

(2) 고삐　●

(3) 옥신각신　●

●　㉠ 소나 말을 몰려고 손으로 잡고 끄는 줄.

●　㉡ 옳으니 그르니 하며 서로 다투는 모양.

●　㉢ 소나 말을 먹이려고 말려서 썬 짚이나 마른 풀.

**2단계** 위에서 배운 낱말을 빈칸에 넣어 문장을 완성하세요.

(1) 현수는 [　　　　　　　　] 를 당겨 소를 외양간에 넣었다.

(2) 할아버지는 소에게 [　　　　　　　　] 을 먹이고 계셨다.

(3) 현태와 경태는 청소 차례를 두고 [　　　　　　　　] 말다툼을 벌였다.

**3단계** 다음 뜻풀이를 읽고, 빈칸에 알맞은 낱말을 넣어 문장을 완성하세요.

> **매다**: ① 끈이나 줄의 두 끝을 엮어 풀어지지 않게 하다.
>
> ② 소, 말 같은 동물을 고정된 물체에 끈이나 줄로 묶다.
>
> **메다**: 물건을 어깨에 걸치거나 등에 지다.

(1) 민정이는 커다란 배낭을 [　]  산에 올랐다.

(2) 나무에 [　]  놓은 소가 온데간데없이 사라졌다.

　　1969년, 미국의 닐 암스트롱은 아폴로 11호를 타고 지구인 최초로 달에 도착했습니다. 암스트롱이 달 위를 걷는 영상은 지금까지도 사람들에게 큰 감동을 주고 있습니다. 그런데 영상에서는 암스트롱이 달 **표면**을 가볍게 통통 뛰면서 이동합니다. 암스트롱의 몸무게가 얼마이기에 그렇게 가볍게 뛰었을까요?

　　몸무게는 말 그대로 '몸의 무게'입니다. 무게는 지구가 어떤 물체를 끌어당기는 힘의 크기입니다. 즉 몸무게는 지구가 우리 몸을 끌어당기는 힘의 크기를 잰 것입니다. 가볍다는 말은 지구가 그 물체를 약하게 끌어당긴다는 뜻이고, 무겁다는 말은 지구가 세게 끌어당긴다는 뜻입니다.

　　무게의 단위는 힘의 단위인 N(뉴턴)이나 kg중(킬로그램중)을 씁니다. 여기서 'kg중'이란 물체에 **작용**하는 **중력**을 나타내는 단위입니다. 즉 1kg짜리 물체를 지구가 끌어당기는 힘을 1kg중이라고 나타냅니다.

　　그러면 우리가 평소에 사용하는 'kg'은 kg중과 무엇이 다를까요? 다르다면 kg은 무슨 단위일까요?

　　무게는 어디에서 재느냐에 따라 다를 수 있습니다. 같은 물체라도 중력이 강한 곳에서는 무겁게, 중력이 약한 곳에서는 가볍게 **측정**됩니다. 하지만 어느 곳에서 재든 변하지 않는 것은 '질량'입니다. 질량은 물체를 이루는 물질의 양입니다. 따라서 중력과 관계없이 어느 곳에서도 똑같습니다. kg은 바로 이 질량의 단위입니다. 질량이 커질수록 무게도 커집니다.

　　하지만 **일상**에서는 무게와 질량을 거의 **구별**하지 않습니다. 아주 특별한 사람들을 빼면, 우리는 대부분 평생 지구를 떠나지 않기 때문입니다. 그래서 일상생활에서는 무게와 질량 모두 'g(그램)'과 'kg'을 단위로 사용합니다.

---

**표면** 사물의 가장 바깥쪽. 表 겉 표 面 겉 면　　**작용** 어떠한 현상을 일으키거나 영향을 미침. 作 일으킬 작 用 쓸 용　　**중력** 지구 위의 물체를 지구의 중심 방향으로 끌어당기는 힘. 重 무거울 중 力 힘 력　　**측정** 길이나 무게 등을 잼. 測 잴 측 定 정할 정　　**일상** 날마다 반복되는 생활. 日 날 일 常 항상 상　　**구별** 성질이나 종류에 따라 갈라놓음. 區 나눌 구 別 나눌 별

**1**

제목

빈칸에 알맞은 낱말을 넣어 이 글의 제목을 완성하세요.

무게와 ☐☐

**2**

내용
파악

다음 중 이 글의 내용과 <u>다른</u> 것을 찾으세요.

① 지구인 최초로 달에 도착한 사람은 닐 암스트롱이다.

② 몸무게는 지구가 몸을 끌어당기는 힘의 크기다.

③ kg중과 kg은 같다.

④ 질량이 커질수록 무게도 커진다.

⑤ 일상생활에서는 무게와 질량을 거의 구별하지 않는다.

**3**

내용
파악

이 글의 내용을 정리하였습니다. 빈칸에 알맞은 낱말을 쓰세요.

| | 무게 | 질량 |
|---|---|---|
| 뜻 | 지구가 어떤 물체를 끌어당기는 힘. | 물체를 이루는 물질의 (1) ☐ |
| 단위 | N(뉴턴), (2) ☐ | g, kg |
| 중력과의 관계 | 중력에 따라 변함. | 중력과 관계없이 변함없음. |

**4**

적용

다음 중 지구가 가장 세게 끌어당기는 물체는 무엇일까요?

① 3kg짜리 수박         ② 책 1kg         ③ 돼지고기 4kg

④ 소고기 2kg         ⑤ 5kg의 쇳덩이

**5** 가벼운 물체를 들 때보다 무거운 물체를 들 때 왜 힘이 더 들까요?

적용

① 지구가 가벼운 물체를 더 강하게 끌어당겨서.

② 지구가 무거운 물체를 더 강하게 끌어당겨서.

③ 무거운 물체가 지구를 더 강하게 밀어서.

④ 가벼운 물체를 들 때 지구가 우리 몸을 더 강하게 끌어당겨서.

⑤ 무거운 물체를 들 때 지구가 우리 몸을 더 강하게 밀어서.


**6** 다음 설명을 읽고, 중력이 가장 강한 곳을 찾으세요.

배경
지식

ⓐ 북극
ⓑ
ⓒ 적도
ⓓ
ⓔ 남극

1. 지구의 남극과 북극에서는 중력이 강합니다. 하지만 적도로 갈수록 그 힘이 약해집니다.

2. 지구의 표면에서는 중력이 강합니다. 하지만 고도(바다의 표면을 기준으로 잰 높이)가 높아질수록 그 힘이 약해집니다.

① ⓐ의 고도가 낮은 얼음 위.　　② ⓑ의 고도가 낮은 들판 위.

③ ⓒ의 고도가 높은 산 위.　　④ ⓓ의 고도가 높은 도시 위.

⑤ ⓔ의 고도가 높은 빙산 위.


**7** 준완이가 몸무게를 재려고 합니다. 고도가 같다면, 어디에서 몸무게를 재면 가장 가볍게 나올까요? 6번 문제의 그림을 보고 기호를 쓰세요.

적용

## 어휘력 기르기

**1단계** 다음 낱말의 뜻을 찾아 선으로 이으세요.

(1) 중력 ●

(2) 일상 ●

(3) 측정 ●

● ㉠ 날마다 반복되는 생활.

● ㉡ 지구 위의 물체를 지구의 중심 방향으로 끌어당기는 힘.

● ㉢ 길이나 무게 등을 잼.

**2단계** 위에서 배운 낱말을 빈칸에 넣어 문장을 완성하세요.

(1) 우리 집에서 학교까지의 거리를 [　　　　] 해 보았다.

(2) 우리는 [　　　　] 에서 벗어나 여행을 떠났다.

(3) 우주선이 [　　　　] 을 이겨 내고 우주로 날아올랐다.

**3단계** 다음 설명을 읽고, 빈칸에 알맞은 낱말을 골라 쓰세요.

| 面 겉 (면) | 표면: 사물의 가장 바깥쪽. |
|---|---|
| | 내면: 밖으로 드러나지 않는 사람의 속마음. |

(1) 병에 걸려 사과의 [　][　] 이 울퉁불퉁하다.

(2) 사람은 겉모습보다 [　][　] 이 더 아름다워야 한다.

도자기는 흙으로 빚은 뒤 높은 열로 구워서 만든 그릇입니다. 도기와 자기를 합한 말이 '도자기'입니다. 비교적 낮은 온도에서 구운 것을 '도기', 아주 높은 온도에서 구운 것을 '자기'라고 합니다.

우리나라의 도자기에는 대표적으로 청자, 분청사기, 백자가 있습니다.

청자는 고려 시대를 대표하는 도자기로, 은은한 푸른 빛을 띱니다. 중국에서 처음 만들어졌지만, 고려의 뛰어난 **공예** 기술이 더해져 더욱 발전하였습니다. 푸른 빛, 부드러운 선, 표면에 동물과 식물 등을 실감 나게 표현한 것이 특징입니다. 청자 중에서, '상감' 기법으로 만든 상감 청자는 세계 제일의 **공예품**으로 평가받습니다. '상감'이란, 도자기 표면에 무늬를 새긴 뒤, 그 자리에 다른 재료를 채워 넣는 기법입니다.

분청사기는 고려 말기부터 조선 초기까지 만들어진 도자기입니다. '분장회청사기'(흰 흙을 입힌 회청색 사기)를 줄여서 '분청사기'라고 부릅니다. 분청사기는 청자에 흰 흙을 바른 뒤 구워서 만듭니다. 고려 청자와는 달리 생동감이 넘치고 자유분방한 특징이 있습니다. 그러나 도자기 만드는 기술이 발달하고, 나라에서 쓸 그릇을 백자로 생산하면서 분청사기는 1500년대 말에 사라졌습니다.

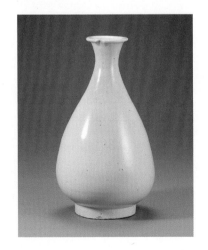

백자는 조선 시대를 대표하는 도자기입니다. 흰색 흙으로 빚어 표면을 장식한 다음, **유약**을 발라 높은 온도로 구운 것입니다. 조선 시대에는 밖으로 화려하게 드러내기보다는 내면의 모습을 수수하게 나타내는 것을 더 가치 있게 여겼습니다. 그래서 백자도 소박하면서 깨끗하고 **기품**이 느껴지는 것이 특징입니다. 백자의 색깔은 그릇에 입혀진 유약의 색에 따라 조금씩 다르게 나타납니다. 재료나 표현 방식에 따라 순백자, 청화 백자, 철화 백자 등으로 나뉩니다.

조선의 도자기 기술력은 세계적으로 인정받았습니다. 일본은 조선의 우수한 도자기 기술을 탐냈습니다. 그래서 **임진왜란**이 일어나자 일본은 조선의 우수한 **도공**들을 끌고 가서 도자기를 만들게 했습니다. 그 뒤, 일본의 도자기 기술도 크게 발전하였습니다.

**공예** 물건을 예술적으로 아름답게 만드는 기술. 工 장인 공 藝 재주 예　**공예품** 쓸모 있으면서도 아름답게 만든 물품. 工 장인 공 藝 재주 예 品 물건 품　**유약** 도자기를 구울 때, 표면에 바르는 약. 도자기에 액체나 기체가 스며들지 못하게 하고, 겉면에 광택이 나게 한다. 釉 광택 유 藥 약 약　**기품** 작품이나 인격 등에서 드러나는 고상한 품격. 氣 기운 기 品 품격 품　**임진왜란** 1592~1598년에 일본의 침략으로 일어난 전쟁. 倭 일본 왜 亂 어지러울 란　**도공** 직업으로 도자기를 만드는 사람. 陶 질그릇 도 工 장인 공

---

**1**
4주
17회

핵심어

무엇에 대해 쓴 글인가요?

우리나라의 ☐ ☐ ☐

**2**

내용
파악

이 글의 내용과 <u>다른</u> 것을 고르세요.

① 도자기는 도기와 자기를 합한 말이다.

② 일본은 임진왜란 때 조선의 도공을 일본으로 끌고 갔다.

③ 우리나라의 도자기에는 대표적으로 청자, 분청사기, 백자가 있다.

④ 분청사기는 고려 말기부터 조선 초기까지 만들어졌다.

⑤ 자기는 낮은 온도에서 구워 만든 그릇이다.

**3**

내용
파악

고려 시대에 만들어진 새로운 기법으로, 도자기 표면에 무늬를 새긴 뒤, 그 자리에 다른 재료를 채워 넣는 기법을 무엇이라고 하나요?

☐

**4** 청자에 대한 설명으로 바르지 <u>않은</u> 것을 고르세요.

내용
파악

① 은은한 푸른 빛을 띤다.

② 선이 거칠어 활동적인 느낌을 준다.

③ 상감 청자는 세계 제일의 공예품으로 평가받는다.

④ 도자기 표면에 동물과 식물 등을 실감 나게 표현했다.

⑤ 중국에서 처음 만들었지만, 고려의 공예 기술로 더욱 발전시켰다.


**5** 백자에 대한 설명으로 바르지 <u>않은</u> 것을 고르세요.

내용
파악

① 청자에 흰 흙을 발라 구웠다.

② 조선 시대를 대표하는 도자기다.

③ 순백자, 청화 백자, 철화 백자 등으로 나뉜다.

④ 소박하면서 깨끗함이 느껴지는 특징이 있다.

⑤ 백자의 색깔은 유약의 색에 따라 조금씩 다르게 나타난다.


**6** 다음은 백자의 종류에 대한 설명입니다. 사진에 알맞은 이름을 찾아 쓰세요.

적용

> • 순백자: 아무런 무늬가 없는 백자.
>
> • 청화 백자: 흰 바탕에 푸른 물감으로 그림을 그린 백자.
>
> • 철화 백자: 백자에 철사로 그림을 그려 흑갈색 무늬가 나타나게 만든 백자.

(1)

(2)

(3)

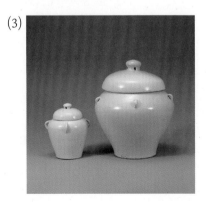

**1단계**　다음 낱말의 뜻을 찾아 선으로 이으세요.

(1) 유약　●　　　　　　　　　　　●　㉠ 직업으로 도자기를 만드는 사람.

(2) 도공　●　　　　　　　　　　　●　㉡ 도자기를 구울 때, 표면에 바르는 약.

(3) 기품　●　　　　　　　　　　　●　㉢ 작품이나 인격 등에서 드러나는 고상한 품격.

**2단계**　위에서 배운 낱말을 빈칸에 넣어 문장을 완성하세요.

(1) 조선의 [　　　　　　] 들은 일본으로 끌려가 백자를 만들었다.

(2) 질그릇은 흙으로 빚은 뒤 [　　　　　　] 을 바르지 않고 구운 그릇이다.

(3) 평생 도자기를 만들어 오신 할아버지의 모습에서 [　　　　　　] 이 느껴졌다.

**3단계**　설명을 읽고, '-품'이 들어가는 낱말을 쓰세요.

> **-품(品)**
> 물건 품
> ｜　낱말 뒤에 붙어서, '물품', '작품'의 뜻을 나타내는 말.

(1) 다른 나라에서 수입한 물품.

　　　　　　　　　　　　　　　　　　_____

(2) 기념으로 주거나 사는 물품.

　　　　　　　　　　　　　　　　　　_____

(3) 쓸모 있으면서도 아름답게 만든 물품.

　　　　　　　　　　　　　　　　　　_____

　　방정환은 1899년 11월 9일, 오늘날 서울 종로구 당주동의 **유복한** 집안에서 태어났습니다. 방정환의 아버지는 동네에서 꽤 유명한 **상인**이었습니다. 하지만 방정환이 아홉 살이던 1907년부터 아버지의 사업이 계속 실패하면서 집안은 **몰락**하였습니다.

　　방정환은 어려운 환경 속에서도 포기하지 않고 학업을 이어 나갔습니다. 또 일본 제국의 **강점**으로부터 나라를 되찾기 위한 민족 운동에도 관심을 가졌습니다. 1908년부터 방정환은 '소년입지회'라는 조직에서 활동했습니다. 소년입지회는 **토론** 모임으로, 처음에는 인원이 10명도 안 되었지만 나중에는 160명이 넘을 정도로 큰 조직이 되었습니다.

　　1918년, 방정환은 '경성청년**구락부**'라는 조직을 만들었습니다. 경성청년구락부는 소년입지회에 있던 아이들이 성장한 후에도 민족 운동을 계속할 수 있도록 청소년을 대상으로 만든 조직이었습니다. 방정환은 1919년에 〈신청년〉이라는 **잡지**를 만들었습니다. ㉠ 3·1 운동 때에는 독립 선언서를 사람들에게 나눠 주다가 일본 경찰에 붙잡혀 일주일 만에 풀려나기도 했습니다.

　　1920년부터 방정환은 '어린이'라는 말을 사용하기 시작했습니다. "어린이를 잘 자라게 하는 것이 독립운동이다. 하늘 같은 어린이를 위해 평생을 바치리라." 방정환이 민족 운동을 하면서 나라의 미래를 위해 어린이들이 얼마나 중요한지 느껴 했던 말입니다. 1922년에는 **동료**들과 함께 어린이들을 위한 문화 단체인 '색동회'를 조직하였고, **이듬해**에는 '어린이날'을 만들었습니다. 우리나라 **최초**로 어린이들을 위한 잡지 〈어린이〉도 만들었습니다. 또 어린이들이 읽을 책이 부족함을 깨달아, 외국의 문학 작품을 **번역**하고 문학 작품을 직접 쓰기도 했습니다.

　　방정환은 이후로도 어린이들에게 꿈과 희망을 주기 위하여 열심히 활동했습니다. 그러나 1931년, 서른세 살에 세상을 떠나고 말았습니다. 많은 업무와 활동으로 **과로**를 한 나머지 병이 생겨 쓰러졌기 때문입니다. 자신의 일생을 어린이에게 바쳤던 방정환은 "어린이를 두고 가니 잘 부탁한다."라는 마지막 말을 남기고 숨을 거두었습니다.

**유복한** 살림이 넉넉한. 裕 넉넉할 유 福 행복 복    **상인** 장사를 직업으로 하는 사람. 商 장사 상 人 사람 인
**몰락** 재물이나 세력 등이 점점 줄어들거나 약해져 보잘것없이 됨. 沒 가라앉을 몰 落 떨어질 락    **강점** 남의
물건, 영토(한 나라의 통치권이 미치는 지역), 권리 등을 강제로 차지함. 強 강제로 할 강 占 차지할 점    **토**
**론** 어떤 문제에 대하여 여러 사람이 각각 의견을 말하며 논의함. 討 공격할 토 論 말할 론    **구락부** 취미나
친하게 지낼 것을 목적으로 삼은 사람들이 조직한 단체. 클럽(club)의 일본식 표기.    **잡지** 일정한 이름
을 가지고 정기적으로 인쇄하여 만드는 출판물. 雜 모을 잡 誌 기록할 지    **동료** 같은 직장이나 같은 부문에
서 함께 일하는 사람. 同 함께 동 僚 동료 료    **이듬해** 바로 다음의 해.    **최초** 맨 처음. 最 가장 최 初 처음 초
**번역** 어떤 언어로 된 글을 다른 언어의 글로 옮김. 飜 번역할 번 譯 번역할 역    **과로** 몸이 피곤할 정도로 지
나치게 일함. 過 지나칠 과 勞 일할 로

---

**1** 이 글의 종류는 무엇인가요?

글의
종류

① 설명문　　　　　② 논설문　　　　　③ 전기문

④ 기행문　　　　　⑤ 광고문

**2** 다음 중 이 글의 내용과 <u>다른</u> 것을 고르세요.

내용
파악

① 방정환이 아홉 살 때부터 아버지의 사업이 계속 실패하면서 집안이 몰락하였다.

② '소년입지회'라는 토론 모임에서 활동했다.

③ 3·1 운동 때 독립 선언서를 사람들에게 나눠 주었다.

④ 우리나라 최초로 어린이들을 위한 잡지인 〈신청년〉을 만들었다.

⑤ 병으로 쓰러져 서른세 살에 세상을 떠났다.

**3** ㉠과 가장 관계 깊은 인물을 고르세요.

배경
지식

① 이순신　　　　　② 유관순　　　　　③ 장영실

④ 안중근　　　　　⑤ 세종 대왕

**4** 다음 설명을 읽고 빈칸에 알맞은 말을 찾아 쓰세요.

내용
파악

방정환은 1920년부터 이 말을 사용하기 시작했다. 1923년에는 이들을 위한 날과 잡지를 만

들기도 했다. 그는 1931년에 세상을 떠나면서 "⬚를 두고 가니 잘

부탁한다."라는 말을 남겼다.

**5** 다음은 방정환이 활동한 조직과 만든 잡지입니다. 시간 순서에 맞게 번호를 쓰세요.

내용
파악

① 잡지 〈신청년〉                  ② 조직 '소년입지회'

③ 조직 '경성청년구락부'        ④ 잡지 〈어린이〉

⬚ → ⬚ → ⬚ → ⬚

**6** 1922년에 방정환이 어린이들을 위해 동료들과 함께 만든 문화 단체의 이름을 쓰세요.

내용
파악

**7** 방정환에 대해 느낀 점을 친구들끼리 말했습니다. 옳지 <u>않은</u> 말을 한 친구를 고르세요.

감상

① 동철: 유복했던 그의 집안이 몰락해서 정말 안타까웠어.

② 민주: 어려운 환경 속에서도 포기하지 않고 학업을 이어나간 끈기가 존경스러웠어.

③ 윤환: 광복도 보지 못하고 돌아가시다니 너무 일찍 돌아가셔서 마음이 아파.

④ 예지: 방정환의 업적을 보니 진심으로 어린이들을 생각했다는 걸 느꼈어.

⑤ 성찬: 세상을 떠나기 전에 했던 말에서 가족을 얼마나 사랑하는지 알 수 있었어.

**1단계** 다음 낱말들의 뜻을 알맞게 이으세요.

(1) 상인 •                          • ㉠ 몸이 피곤할 정도로 지나치게 일함.

(2) 동료 •                          • ㉡ 같은 직장이나 같은 부문에서 함께 일하는 사람.

(3) 과로 •                          • ㉢ 장사를 직업으로 하는 사람.

**2단계** 다음 문장의 빈칸에 알맞은 낱말을 위에서 찾아 쓰세요.

(1) 옛날에는 [          ] 로 병에 걸리는 직장인들이 많았다.

(2) 그는 성격이 소심해서 회사 [          ] 들과 어울리지 못했다.

(3) 시장 안은 손님을 부르는 [          ] 들로 몹시 시끄러웠다.

**3단계** 다음 설명을 읽고 밑줄 친 부분의 뜻을 찾아 번호를 쓰세요.

> **강점** ┊ ① 남의 물건, 영토, 권리 등을 강제로 차지함. [강:점]
>
> ┊ ② 남보다 강하거나 더 뛰어난 점. [강쩜]

(1) 어떤 상황에서도 긴장하지 않는 것이 민정이의 <u>강점</u>이다.                    (          )

(2) 일제의 <u>강점</u>에서 해방된 우리 민족은 해방의 기쁨을 얼마 누리지도 못하고        (          )

　　남북 분단의 아픔을 겪었다.

┌─────────────┐
│      ㉠      │
└─────────────┘

윤동주

산골짜기 오막살이 낮은 굴뚝엔
㉡ 몽기몽기 웬 연기 대낮에 솟나,

감자를 굽는 게지 총각 애들이
깜박깜박 검은 눈이 모여 앉아서
㉢ 입술이 꺼멓게 숯을 바르고
㉣ 옛이야기 한 커리에 감자 하나씩.

산골짜기 오막살이 낮은 굴뚝엔
살랑살랑 솟아나네 감자 굽는 내.

**산골짜기** 산과 산 사이의 움푹 들어간 곳.    **오막살이** 사람이 겨우 들어가 살 만큼 작고 초라한 집.    **대낮** 환히 밝은 낮.    **총각** 결혼하지 않은 성인 남자. 總 다 총 角 총각 각    **숯** 나무를 태워 연기를 다 뽑아 내고 남긴 검은 덩어리 연료.    **커리** '켤레'의 방언. 여기서는 '가지'의 뜻으로 쓰였다.    **내** 냄새.

---

**1** 이 시의 제목으로 ㉠에 알맞은 낱말을 고르세요.

제목

① 굴뚝          ② 총각          ③ 숯

④ 입술          ⑤ 눈

**2** 밑줄 친 ⓛ과 바꾸어 쓸 수 있는 낱말을 고르세요.

**어휘**

① 파릇파릇　　　　　　　　② 뭉게뭉게

③ 보글보글　　　　　　　　④ 반짝반짝

⑤ 흔들흔들

**3** 이 시의 시간적 배경은 언제인가요?

**배경**

① 새벽　　　　　　　　　　② 아침

③ 대낮　　　　　　　　　　④ 저녁

⑤ 한밤중

**4** 이 시에 대해 **잘못** 설명한 것을 고르세요.

**내용
파악**

① 3연 8행으로 이루어졌다.

② 소리 내어 읽어 보면 리듬이 느껴진다.

③ 연마다 흉내 내는 말을 사용하고 있다.

④ 시의 첫 연과 끝 연을 비슷한 형식으로 반복하고 있다.

⑤ 1연에서는 코로 맡은 냄새를 감각적으로 표현하고 있다.

**5** 이 시에서 느껴지는 분위기는 어떠한가요?

**감상**

① 무섭다　　　　　　　　　② 소란스럽다

③ 쓸쓸하다　　　　　　　　④ 따스하다

⑤ 슬프다

**6** 밑줄 친 ⓒ에서 입술에 꺼멓게 된 까닭은 무엇일까요?

추론

① 무섭게 보이려고 숯을 발라서.

② 귀신 놀이를 하려고 숯을 발라서.

③ 숯을 발라야 맛있게 먹을 수 있기 때문에.

④ 감자를 먹었다는 사실을 숨기려고 숯을 발라서.

⑤ 구운 감자를 먹다가 입술에 숯이 묻어서.

**7** 밑줄 친 ⓔ에 대해 바르게 이해한 사람은 누구인가요?

내용
파악

① 현진: 옛이야기를 하나씩 하며 감자를 먹는다는 의미야.

② 진우: 감자 한 상자를 주고 옛이야기 하나를 들었다는 뜻이야.

③ 무성: 감자와 관련한 이야기를 나누는 것 같아.

④ 서영: 옛이야기를 많이 알고 있는 사람에게는 감자 하나를 준다는 의미야.

⑤ 정진: 옛이야기가 지루해서 감자를 먹고 있다는 뜻 같아.

**8** 이 시와 같은 내용이 되도록 빈칸에 알맞은 낱말을 쓰세요.

내용
파악

어찌된 일인지 산골짜기 오두막집 굴뚝에서 대낮에 (1) [              ] 가 솟는다.

아마도 총각들이 모여서 (2) [              ] 를 나누며 (3) [              ] 를

구워 먹고 있나 보다. (4) [              ] 에서 감자 굽는 냄새가 살랑살랑 피어난다.

**1단계** 다음 낱말의 뜻을 찾아 선으로 이으세요.

(1) 뭉게뭉게 •

(2) 깜박깜박 •

(3) 살랑살랑 •

• ㉠ 바람이 가볍게 부는 모양.

• ㉡ 눈을 감았다가 떴다가 하는 모양.

• ㉢ 연기나 구름이 크고 둥근 모양을 이루면서 잇따라 나오는 모양.

**2단계** 위에서 배운 낱말을 빈칸에 넣어 문장을 완성하세요.

(1) 동생은 눈을 [           ] 하며 내 이야기에 귀를 기울였다.

(2) [           ] 부는 바람에 나뭇잎이 흔들린다.

(3) 굴뚝에서 밥을 짓는 연기가 [           ] 피어올랐다.

**3단계** 다음 뜻풀이를 읽고, 빈칸에 알맞은 낱말을 넣어 문장을 완성하세요.

> 숯: 나무를 태워 연기를 다 뽑아 내고 남긴 검은 덩어리 연료.
>
> 숱: 머리카락이나 눈썹 따위가 나 있는 양.

(1) 지섭이는 눈썹의 [    ] 이 많아서 인상이 강해 보인다.

(2) 아버지께서는 [    ] 에 불을 붙이고, 고기를 구우셨다.

노극청은 고려 시대의 **벼슬아치**였습니다. 하지만 벼슬이 낮고, 집이 매우 가난하여 먹고살기조차 힘들었습니다. 노극청 부부는 **논의** 끝에 집을 팔기로 했습니다.

어느 날, 노극청은 일이 있어 며칠 동안 집을 떠나 있다가 돌아왔습니다. 노극청의 아내는 환한 얼굴로 노극청을 맞았습니다.

"집이 팔렸어요. 그것도 좋은 가격에요."

㉠ "오, 다행이군요. 얼마나 받았소?"

"은 열두 근이나 받았어요."

아내는 칭찬을 기대했지만 남편에게서 돌아온 건 **핀잔**뿐이었습니다.

㉡ "우리가 은 아홉 근을 주고 이 집을 샀는데 열두 근이나 받으면 어떻게 합니까? 이 집을 은 열두 근이나 주고 산 사람이 누구입니까?"

아내의 대답을 듣고, 노극청은 그길로 은 세 근을 들고 현덕수를 찾아갔습니다.

㉢ "저는 평생 가난하게 살아왔지만 '**청렴**'을 마음속에 새기고 있습니다. 그런데 제가 없는 사이에 제 **처**가 집을 너무 비싸게 팔았습니다. 제가 그 집을 은 아홉 근에 사서 몇 년 동안 살면서 수리한 곳도 없으니 아홉 근만 받겠습니다. 이걸 다시 받으시지요."

㉣ "그만한 가치가 있기에 그 돈을 주고 산 것입니다. 그리고 이미 돈을 드렸는데 돌려받을 수는 없습니다. **도로** 가져가시지요."

㉤ "어허, 어찌 저를 이리 부끄럽게 만드십니까? 싸게 사서 비싸게 파는 것은 의롭지 않은 일입니다. 이 ㉥ 돈을 받지 않으시겠다면 ㉦ 돈을 돌려드릴 테니 집도 제게 돌려주십시오."

현덕수는 어쩔 수 없이 은 세 근을 돌려받았습니다. 하지만 노극청이 돌아간 뒤 곰곰이 생각해 보니 자신의 행동이 부끄러웠습니다.

'나도 평생 의롭게 살겠다고 생각했는데, 노극청보다 못해서야 되겠는가!'

현덕수는 돌려받은 은 세 근을 들고 절에 가 **시주**하였습니다.

이 이야기를 들은 사람들은 감탄하며 이 두 사람을 칭찬하였습니다.

– 〈고려사〉 '현덕수전' 중에서

**벼슬아치** 관청에서 나랏일을 하는 사람.　**논의** 어떤 문제에 대해 서로 의견을 내어 하는 회의. 論 논의할 논 議 의논할 의　**근** 무게의 단위. 한 근은 약 600그램. 斤 근 근　**핀잔** 못마땅하여 맞대어 놓고 꾸짖음.　**청렴** 성품과 행동이 높고 깨끗하며, 욕심이 없음. 淸 맑을 청 廉 청렴할 렴　**처** 결혼한 여자. 妻 아내 처　**도로** 원래의 상태대로 다시.　**시주** 절이나 스님에게 돈이나 물건을 주는 일. 施 베풀 시 主 주인 주

---

**1** 노극청은 왜 현덕수에게 돈을 돌려주었나요?

내용
파악

① 현덕수에게서 돈을 꾸었기 때문에.

② 집값을 너무 많이 받았다고 생각해서.

③ 집을 팔기 싫어서.

④ 현덕수가 돈을 받는지 시험해 보려고.

⑤ 자신의 의로움을 자랑하려고.

**2** 이 글의 내용으로 수학식을 만들려고 합니다. 빈칸에 알맞은 숫자를 쓰세요.

내용
파악

(1) 현덕수가 집을 산 가격.　　　　　　　　　　　　은 [　　　] 근

(2) 노극청이 집을 산 가격.　　　　　　　　　　　　은 [　　　] 근

(3) 노극청이 현덕수에게 돌려준 돈.　　　　　　　　은 [　　　] 근

(4)　　　　(1) [　　] − (2) [　　] = (3) [　　]

**3** ㉠~㉤ 가운데 말한 사람이 다른 하나를 찾으세요.

내용
파악

[　　　]

**4** ㉯과 ㉰은 각각 얼마인가요? 빈칸에 숫자로 쓰세요.

내용
파악

(1) ㉯ 돈 은 [          ] 근 (2) ㉰ 돈 은 [          ] 근

**5** 앞 글의 내용을 정리했습니다. 옳은 문장에는 ○표, 틀린 문장에는 X표 하세요.

내용
파악

(1) 현덕수는 노극청의 집을 샀다.                                                    (          )

(2) 노극청은 아내가 좋은 가격으로 집을 팔아 칭찬하였다.                           (          )

(3) 현덕수는 노극청에게 돈을 받고 부끄러웠다.                                     (          )

**6** 다음 중 노극청과 가장 비슷한 생각을 한 사람을 찾으세요.

적용

① 지윤: 집값을 많이 준다는데 그걸 싫다고 하는 게 이해가 안 돼.

② 태현: 시간이 흘러 물가가 오르면 집값도 오르는 건 당연해. 그럼 집을 비싸게 팔아야지.

③ 미연: 집값이 올랐더라도 가난한 사람을 위해서는 싸게 팔 수도 있는 거야.

④ 형주: 쓰던 물건을 팔려면 처음 가격과 같거나 그보다 적게 받아야지. 집도 마찬가지라고 생각해.

⑤ 소민: 국가가 집을 지어서 국민에게 무료로 나누어 주면 좋겠어.

**7** 다음 중 이 글과 가장 거리가 <u>먼</u> 감상을 말한 사람은 누구인가요?

감상

① 영하: 나도 노극청처럼 청렴하고 정직하게 살고 싶어.

② 윤주: 노극청의 아내가 안쓰러웠어. 애써서 집을 팔았는데 핀잔을 듣다니.

③ 태진: 나 같으면 집값으로 은 열두 근을 받고 좋아했을 거 같아.

④ 선영: 현덕수가 어리석은 것 같아. 자신을 남과 비교했으니 말이야.

⑤ 상민: 노극청에게 은을 돌려받은 걸 보니 현덕수는 의롭지 않은 것 같아.

**1단계**   다음 낱말의 뜻을 찾아 선으로 이으세요.

(1) 논의 ●                         ● ㉠ 못마땅하여 맞대어 놓고 꾸짖음.

(2) 핀잔 ●                         ● ㉡ 어떤 문제에 대해 서로 의견을 내어 하는 회의.

(3) 청렴 ●                         ● ㉢ 성품과 행동이 높고 깨끗하며, 욕심이 없음.

**2단계**   위에서 배운 낱말을 빈칸에 넣어 문장을 완성하세요.

(1) 반찬 투정을 하다가 어머니께 [          ] 을 들었다.

(2) 선생님은 모두가 존경할 정도로 [          ] 한 생활을 하고 계신다.

(3) 한반도의 통일을 위해 사람들이 모여 [          ] 하고 있다.

**3단계**   다음은 '도로'의 여러 뜻입니다. 밑줄 친 낱말의 뜻을 찾아 번호를 쓰세요.

| 도로 | ① 사람, 차 등이 잘 다닐 수 있도록 만들어 놓은 길. |
|---|---|
| | ② 원래의 상태대로 다시. |

(1) 차들이 도로 위를 쌩쌩 달린다.                               (      )

(2) 지민이는 머리가 아파서 읽던 책을 도로 책꽂이에 꽂아 놓았다.      (      )

　　우리는 어디로 이동할 때 지도를 찾아봅니다. 지도는 지구 **표면**을 일정하게 줄여 약속된 **기호**로 나타낸 그림입니다. 지도에는 방위, 기호, 축척, 등고선 등이 잘 드러나 있습니다.

　　'방위'는 어떤 곳이나 어떤 방향을 기준으로 하여 나타내는 위치입니다. 이를 지도에 쉽게 나타내기 위하여 사용하는 것이 방위표입니다. 방위표의 위쪽이 북쪽, 아래쪽이 남쪽, 오른쪽이 동쪽, 왼쪽이 서쪽입니다. 만약 지도에 방위표가 없다면 지도의 위쪽을 북쪽으로 잡습니다. 우리는 방위표를 통하여 지도가 나타내는 방향을 알 수 있습니다.

　　지도에는 지구 표면의 복잡한 모습을 있는 그대로 나타내기 어렵습니다. 그래서 사용하는 것이 '기호'입니다. 자연환경, **인공** 환경, 건물 등의 특징을 ㉠ <u>간결하게</u> 나타내어 기호로 만듭니다. 특징을 나타내기 힘든 곳은 일정한 기호로 그 의미를 약속합니다.

　　'축척'이란 지도에서 **실제** 거리를 줄여 나타낸 정도를 말합니다. 축척 1:10,000은 실제 거리를 1/10,000(일만분의 일)으로 줄여서 지도에 나타냈다는 뜻입니다. 즉 지도상의 1cm가 실제로는 10,000cm(100m)입니다. 실제 거리를 줄인 비율에 따라 지도를 대축척 지도와 소축척 지도로 나눌 수 있습니다. 대축척 지도는 실제 거리를 적게 줄인 지도로, 좁은 지역을 자세히 보여 줍니다. 반대로, 소축척 지도는 실제 거리를 많이 줄인 지도로, 넓은 지역을 **간략하게** 보여 줍니다.

　　'등고선'은 지도에서 높이가 같은 곳을 연결한 선입니다. 지도의 등고선을 통해 땅의 높낮이를 알 수 있습니다. 땅의 높낮이에 따라 등고선 안에 색을 다르게 표현합니다. 높이가 낮은 곳은 녹색으로 나타내고, 높은 곳으로 갈수록 연두색, 노란색, 갈색, 고동색 순으로 나타냅니다. 등고선을 통하여 땅의 경사도 알 수 있습니다. 등고선의 간격이 넓은 것은 땅의 **경사가 완만하다**는 것을, 간격이 좁은 것은 경사가 급하다는 것을 나타냅니다.

**표면** 사물의 가장 바깥쪽. 表 겉 표 面 겉 면　**기호** 어떠한 뜻을 나타내기 위하여 쓰이는 부호, 문자 등을 통틀어 이르는 말. 記 표지 기 號 기호 호　**인공** 자연 그대로의 것에 사람의 손길이나 힘을 가하여 바꾸어 놓는 일. 人 사람 인 工 만들 공　**실제** 사실 그대로의 상태나 모습. 實 진실 실 際 닿을 제　**간략하게** 복잡하지 않고 간단하게. 簡 간략할 간 略 간략할 략　**경사** 비스듬히 기울어짐. 또는 그런 상태나 정도. 傾 기울 경 斜 기울 사　**완만하다** 경사가 급하지 않다. 緩 느릴 완 慢 느릴 만

**1** 이 글의 중심 낱말은 무엇인가요?

핵심어

① 방위
② 기호
③ 지도

④ 축척
⑤ 등고선


**2** ㉠ '간결하게'와 비슷한 뜻을 가진 낱말을 고르세요.

어휘

① 귀엽게
② 자세하게
③ 복잡하게

④ 까다롭게
⑤ 간단하게

**3** 이 글에 대한 설명으로 <u>틀린</u> 것을 고르세요.

내용
파악

① 지도는 지구 표면을 일정하게 줄여 약속된 기호로 나타낸 그림이다.

② 지도에는 자연환경뿐 아니라 인공 환경도 표시되어 있다.

③ 지도를 통해 산의 경사를 대략 알 수 있다.

④ 지도를 통해 건물의 높이도 알 수 있다.

⑤ 지도에는 방위, 기호, 축척, 등고선 등이 드러나 있다.


**4** 다음은 방위표입니다. 이에 대한 설명으로 <u>틀린</u> 것을 고르세요.

내용
파악

위
아래

① 방위는 어떤 곳이나 어떤 방향을 기준으로 하여 나타내는 위치이다.

② 방위표의 위쪽과 아래쪽은 각각 북쪽과 남쪽이다.

③ 방위표의 오른쪽과 왼쪽은 각각 동쪽과 서쪽이다.

④ 지도에 방위표가 없다면 지도의 위쪽을 남쪽으로 잡는다.

⑤ 방위표를 통하여 지도상의 동서남북 방향을 알 수 있다.

**5** 다음은 지도에 쓰이는 기호입니다. 기호가 의미하는 것을 골라 빈칸에 쓰세요.

| | | | | |
|---|---|---|---|---|
| 논 | 밭 | 산 | (1) | 폭포 |
| 다리 | 학교 | (2) | 우체국 | 시청 |
| (3) | 등대 | 항구 | 교회 | 공항 |

> 병원, 공장, 과수원

(1) [                    ]   (2) [                    ]   (3) [                    ]

**6** 다음은 지도에 쓰인 '축척'의 예입니다. 이에 대한 설명으로 <u>틀린</u> 것을 고르세요.

① 축척은 지도에서 실제 거리를 줄여 나타낸 정도를 말한다.

② 지도의 축척은 1:1,000이다.

③ 지도에서 1cm는 실제 거리 1km를 뜻한다.

④ 축척이 1:10,000인 지도보다 소축척 지도이다.

⑤ 축척이 1:10,000인 지도보다 넓은 지역을 간략하게 보여 준다.

**7** 다음은 '등고선'의 예입니다. 이에 대한 설명으로 바른 것을 고르세요.

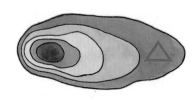

① 높이가 가장 낮은 곳은 고동색으로 나타낸다.

② 높이가 높아질수록 갈색, 노란색, 연두색, 녹색 순으로 나타낸다.

③ 왼쪽 지역은 오른쪽 지역보다 경사가 완만하다.

④ △지역은 지도에서 높이가 가장 높은 곳이다.

⑤ △지역에서 왼쪽으로 갈수록 높이가 높아지다가 고동색 부분을 지나면 낮아진다.

**1단계** 다음 낱말의 뜻을 찾아 선으로 이으세요.

(1) 표면 •　　　　　　　• ㉠ 사물의 가장 바깥쪽.

(2) 실제 •　　　　　　　• ㉡ 사실 그대로의 상태나 모습.

(3) 경사 •　　　　　　　• ㉢ 비스듬히 기울어짐. 또는 그런 상태나 정도.

**2단계** 다음 문장의 빈칸에 알맞은 낱말을 위에서 찾아 쓰세요.

(1) 겉으로는 사나워 보이는 사람도 [　　　　] 로는 착할 수 있으니 외모로 판단하지 말자.

(2) 벽돌의 [　　　　] 은 까칠까칠하다.

(3) 그 산은 [　　　　] 가 완만해서 올라가기 쉽다.

**3단계** 다음 설명을 읽고 알맞은 뜻을 골라 번호를 쓰세요.

| 기호 | ① 어떠한 뜻을 나타내기 위하여 쓰이는 부호, 문자 등을 통틀어 이르는 말. |
|---|---|
|  | ② 즐기고 좋아함. |

(1) 사람들은 각자의 기호에 따라 상품을 선택한다.       (    )

(2) 글자는 인간이 사용하는 기호 가운데 하나다.       (    )

5주
21회

전자파라고 하면 어떤 생각이 드나요? 몸에 나쁘기 때문에 피해야 할 것, 전자레인지에서 사용되어 음식을 따뜻하게 데울 수 있는 것 등이 머릿속에 떠오를 것입니다. 전자파는 다른 말로 '전자기파'라고도 불리는데, 우리의 일상에서 매우 중요하게 쓰입니다. 사람이 눈으로 볼 수 있는 전자기파를 가시광선이라고 합니다. 눈으로 볼 수는 없지만, 의료용으로 많이 사용하는 적외선, 물건에 붙어 있는 바이러스나 세균들을 죽이는 자외선도 모두 전자기파입니다.

㉠ 이 가운데 엑스선도 있습니다. 엑스선은 독일의 과학자 뢴트겐이 발견했습니다. 뢴트겐은 다른 실험을 하는 도중에 우연히 사람의 몸을 **투과**하는 전자기파를 발견하였습니다. 그때에는 ㉡ 그 전자기파의 정체를 알 수 없었습니다. 그래서 '엑스(X)'를 붙여, 엑스선이라고 이름을 지었습니다. 뢴트겐이 발견했기 때문에 사람들은 뢴트겐선이라고도 불렀습니다. 엑스선의 발견으로 뢴트겐은 1901년에 노벨 물리학상을 받았습니다.

우리는 **뼈**를 다쳤거나 폐 건강에 문제가 생겼을 때, 병원에 가서 엑스선으로 아픈 부분을 찍어 봅니다. 그러면 뼈에 어떤 이상이 있는지, 뼈가 부러진 곳이 어디인지 찾아낼 수 있습니다. 폐에 생긴 병도 알 수 있습니다. 또 입을 찍어 **충치**나 앞으로 나올 **영구치**의 상태 등을 알아냅니다.

요즘에는 엑스선을 의료 **분야** 외에도 여러 곳에 이용하고 있습니다. 공항에서 짐을 풀지 않고도 가방 속에 위험한 물건이 들어 있지 않은지 알아볼 수 있습니다. 금속과 금속을 이어붙일 때 빈틈없이 잘 붙었는지도 엑스선으로 살펴봅니다. 장치나 부품이 많이 **마모**하거나, **부식**하지는 않았는지 검사할 때에도 씁니다.

엑스선은 위험하다고 말하는 사람이 있습니다. 어느 정도는 맞는 말입니다. 엑스선은 방사선의 한 종류이기도 하기 때문입니다. 하지만 엑스선 촬영 한 번의 방사선 노출량은 그리 많지 않으므로 걱정하지 않아도 됩니다. 그래도 짧은 시기에 여러 번 반복하여 촬영하는 일은 피해야 합니다. 또 **태아**는 방사능에 무척 **취약하기** 때문에 **임신부**는 엑스선 촬영을 하지 않는 것이 좋습니다.

**투과** 빛이 물질의 내부를 통과함. 透 꿰뚫을 투 過 지날 과 　**충치** 세균 등의 영향으로 벌레가 파먹은 것처럼 이가 깎이는 병. 蟲 벌레 충 齒 이 치 　**영구치** 젖니(유아기에 나와 나중에 빠지는 이)가 빠진 뒤에 나는 이와 뒤어금니를 통틀어 이르는 말. 永 길 영 久 오랠 구 齒 이 치 　**분야** 여러 갈래로 나누어진 범위나 부분. 分 나눌 분 野 범위 야 　**마모** 서로 닿아 비벼진 부분이 닳아서 없어짐. 磨 갈 마 耗 없어질 모 　**부식** 금속이 화학 작용에 의해 성질이 변하거나 약해지는 현상. 腐 썩을 부 蝕 갉아 먹을 식 　**태아** 어머니 배 속에 있는 아이. 胎 임신할 태 兒 아이 아 　**취약하기** 연하고 약하기. 脆 연할 취 弱 약할 약 　**임신부** 아이를 밴 여자. 姙 임신할 임 娠 임신할 신 婦 여자 부

---

**1**

주제

이 글의 중심 내용은 무엇인가요?

① 전자기파의 특징.

② 전자기파의 종류.

③ 엑스선의 특징.

④ 엑스선의 원리.

⑤ 엑스선의 위험성.

**2**

내용
파악

엑스선을 처음 발견한 사람은 누구인가요?

**3**

내용
파악

다음 중 이 글과 같은 내용에는 ○표, 다른 내용에는 X표 하세요.

(1) 전자파는 몸에 나쁘며, 사람의 생활에 필요가 없다. 　　　　　　　　　( 　　 )

(2) 엑스선은 전자기파의 한 종류다. 　　　　　　　　　　　　　　　　　( 　　 )

(3) 엑스선은 위험하기 때문에 엑스선으로 얼굴을 찍을 수 없다. 　　　　　　( 　　 )

(4) 엑스선 촬영으로 뼈가 부러진 곳을 확인할 수 있다. 　　　　　　　　　　( 　　 )

(5) 엑스선은 방사선의 한 종류다. 　　　　　　　　　　　　　　　　　　　( 　　 )

**4** ⊙은 무엇인가요?

내용
파악

☐

**5** ⓒ을 보고 친구들이 대화를 나누었습니다. 가장 잘 이해한 사람은 누구인가요?

추론

① 지윤: 뢴트겐은 엑스(X)라는 알파벳을 제일 좋아했던 것 같아.

② 도현: 옛날에는 모든 전자기파에 알파벳을 붙여서 이름을 지었나 봐. 'A선, B선' 이렇게.

③ 수민: 뢴트겐이 자신의 정체를 밝히지 않으려고 자기 이름 대신 알파벳을 넣은 것 같아.

④ 민재: 정체를 알 수 없는 것을 엑스(X)라고 한 것 같아. 그래서 엑스선이라고 부른 거지.

⑤ 현수: 엑스(X)가 뢴트겐의 별명이었나 봐. 그래서 엑스선이라고 한 것 같아.

**6** 다음 중 엑스선 촬영을 하지 말아야 하는 사람은 누구인가요?

적용

① 축구를 하다가 다리를 크게 다친 12살 어린이.

② 교통사고로 팔이 부러진 40대 아저씨.

③ 최근 들어 기침을 많이 하고 가슴에 통증을 느끼는 60대 할머니.

④ 젖니를 뽑은 자리에서 영구치가 나오지 않아 걱정하는 10살 어린이.

⑤ 몸에 이상을 느껴 병원에 갔다가 임신했다는 결과를 받은 30대 아주머니.

**7** 다음 설명에 알맞은 낱말을 앞 글에서 찾아 쓰세요.

배경
지식

> 사람 눈에 보이지는 않는 전자기파다. 바이러스나 세균을 죽이고, 우리 몸에 필요한 비타민 D가 만들어지게 한다. 하지만 이 전자기파를 지나치게 받으면 피부가 타거나 피부암에 걸릴 수도 있다.

☐

## 어휘력 기르기

**1단계**　다음 낱말의 뜻을 찾아 선으로 이으세요.

(1) 투과　•

(2) 부식　•

(3) 마모　•

• ㉠ 서로 닿아 비벼진 부분이 닳아서 없어짐.

• ㉡ 빛이 물질의 내부를 통과함.

• ㉢ 금속이 화학 작용에 의해 성질이 변하거나 약해지는 현상.

**2단계**　위에서 배운 낱말을 빈칸에 넣어 문장을 완성하세요.

(1) 이곳은 물이 지저분하여 햇빛이 물을 □□□□ 하지 못한다.

(2) 물에 젖은 가위를 닦지 않고 두었더니 □□□□ 되어 쓰기 어려워졌다.

(3) 동생은 잘 때 이를 가는 버릇이 있어 이가 많이 □□□□ 하였다.

**3단계**　다음 뜻에 알맞은 낱말을 빈칸에 넣어 십자말풀이를 하세요.

(1) 세균 등의 영향으로 벌레가 파먹은 것처럼 이가 깎이는 병.

(2) 젖니가 빠진 뒤에 나는 이와 뒤어금니를 통틀어 이르는 말.

(3) 젖을 먹는 어린아이.

(4) 어머니 배 속에 있는 아이.

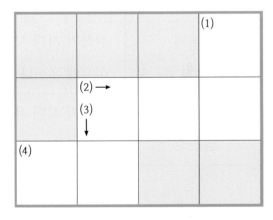

5주
22회

## 문화유산 답사 보고서

| 답사 날짜 | 20○○년 ○○월 ○○일 |
|---|---|
| 답사 장소 | 암사동 **선사 주거지**(서울시 강동구 올림픽로 875) |
| 답사 목적 | 선사 시대 사람들의 생활 모습 알아보기 |
| 답사 참가자 | 하지은, 주민우, 고승아, 현주영, 민우 어머니 |
| 답사 내용 | 1. **신석기 시대** 사람들은 어떤 집에서 살았는지 알아보았다.<br>2. 신석기 시대 사람들의 생활 모습을 조사했다. |
| 답사 결과 | 1. 신석기 시대 사람들은 **움집**을 짓고 살았다.<br>2. 신석기 시대 사람들은 동물을 사냥하고, 물고기를 잡고, 농사를 지으며 생활했다. 빗살무늬 **토기**를 만들어 음식을 만들거나 식량을 저장할 때 사용했다. 또 ㉠ 수확한 **곡식**을 **갈판**과 **갈돌**로 갈기도 했으며, **뼈바늘**이나 **가락바퀴**를 활용해 옷이나 그물을 만들었다.<br> ↑ 움집　 ↑ 갈돌과 갈판 |
| 새롭게 알게 된 점 | 신석기 시대 사람들은 움집을 짓고 모여 살면서 농사를 지었고, 도구를 이용해 옷이나 그물을 만들었다는 것을 알게 되었다. |
| 더 알고 싶은 점 | 신석기 시대 **유적지**가 다른 곳에도 있는지, 있다면 그곳에서는 무엇이 발견되었는지 궁금해졌다. |
| 느낀 점 | 현장에서 직접 보고 들으니 생생한 공부가 되었다. 움집 짓기, 토기 만들기 등의 선사 시대 체험 활동이 재미있었다. |

**문화유산** 앞의 세대에게서 물려받은, 가치 있는 문화적 재산. 文 글 문 化 될 화 遺 남길 유 産 낳을 산　**답사** 현장에 가서 보고 듣고 조사함. 踏 밟을 답 査 조사할 사　**선사** 기록이 없어 유적이나 유물로만 짐작되는 옛 시대. 先 먼저 선 史 역사 사　**주거지** 옛날에 사람들이 집단으로 생활하던 움집터 따위의 살림 유적. 住 살 주 居 살 거 址 터 지　**신석기 시대** 돌을 갈아서 도구를 만들어 쓰던 시대. 新 새 신 石 돌 석 器 도구 기 時 때 시 代 시대 대　**움집** 땅을 파서 만든 집.　**토기** 원시 시대에 쓰던, 흙으로 만든 그릇. 土 흙 토 器 그릇 기　**곡식** 벼, 보리, 콩, 밀 따위의 먹을거리. 穀 곡식 곡 食 밥 식　**갈판** 곡식이나 열매 등을 갈기 위해 아래에 받치는 판.　**갈돌** 열매 등을 갈 때 쓰던 납작한 돌.　**뼈바늘** 동물 뼈로 만든 바늘.　**가락바퀴** 동식물에서 실을 뽑는 데에 사용하던 바퀴.　**유적지** 유적이 있는 곳. 遺 남길 유 跡 자취 적 地 땅 지

---

**1**

5주
23회

글의 종류

이 글의 종류를 가장 잘 설명한 문장을 고르세요.

① 어떤 사람을 행사에 초대한 글이다.

② 어떤 사람을 소개하는 글이다.

③ 글쓴이가 어떤 곳을 방문하여 조사한 것을 쓴 글이다.

④ 글쓴이가 꾸며 낸 이야기를 쓴 글이다.

⑤ 글쓴이가 그날 겪은 일과 생각, 느낌 등을 적은 글이다.

**2**

추론

답사를 하기 전에 준비하지 않아도 되는 것을 고르세요.

① 답사 목적을 정한다.

② 답사 보고서를 쓴다.

③ 답사 장소를 선택한다.

④ 답사할 때 필요한 준비물을 챙긴다.

⑤ 답사할 곳에 대한 자료를 찾아 본다.

**3**

구조

답사 보고서에 들어갈 내용으로 알맞지 않은 것을 고르세요.

① 느낀 점　　　　　　　② 답사 내용

③ 답사 장소　　　　　　④ 새롭게 알게 된 점

⑤ 다음 답사 장소

**4**

추론

밑줄 친 ㉠에서 알 수 있는 사실은 무엇인가요?

① 신석기 시대에는 돌이 귀했다.

② 신석기 시대에는 쌀이 없었다.

③ 신석기 시대에는 가축을 길렀다.

④ 신석기 시대에는 농사를 지었다.

⑤ 신석기 시대에는 모든 음식을 갈아서 먹었다.

**5**

내용
파악

신석기 시대 사람들이 만들어 사용했던 토기입니다.
옆 사진 속 토기의 이름을 앞 글에서 찾아 쓰세요.

**6**

내용
파악

신석기 시대 사람들의 생활 모습으로 옳지 <u>않은</u> 것을 고르세요.

① 움집을 짓고 살았다.

② 옷을 만들어 입었다.

③ 금속으로 농기구를 만들어 사용했다.

④ 동물을 사냥했다.

⑤ 음식을 만들거나 저장하기 위해 토기를 제작했다.

**7**

배경
지식

문화유산을 답사할 때 지켜야 할 예절을 바르게 말한 사람은 누구인가요?

① 주용: 출입금지 구역은 들어가지 말아야 해.

② 현민: 문화유산은 손으로 직접 만져서 느껴 봐야 해.

③ 승아: 배가 고플 수 있으니 음식물을 챙겨 가서 먹으면서 관람해야지.

④ 세영: 사진 촬영이 안 되는 곳에서는 다른 사람들에게 피해를 주지 않게 몰래 찍어야 해.

⑤ 하진: 친구들과 큰 소리로 의견을 주고받으면서 관람하면 기억에 오래 남아.

**1단계** 다음 낱말의 뜻을 찾아 선으로 이으세요.

(1) 답사 ●　　　　　　　　　　　● ㉠ 벼, 보리, 콩, 밀 따위의 먹을거리.

(2) 토기 ●　　　　　　　　　　　● ㉡ 현장에 가서 보고 듣고 조사함.

(3) 곡식 ●　　　　　　　　　　　● ㉢ 원시 시대에 쓰던, 흙으로 만든 그릇.

**2단계** 위에서 배운 낱말을 빈칸에 넣어 문장을 완성하세요.

(1) 옛날에 농촌에서 ［　　　　　］ 이 떨어져 굶주렸던 시기를 '보릿고개'라고 한다.

(2) 우리는 경복궁을 ［　　　　　］ 하기 전에 자료를 찾아보기로 했다.

(3) 신석기 시대 사람들은 ［　　　　　］ 에 식량을 저장했다.

**3단계** 설명을 읽고, 빈칸에 알맞은 낱말을 넣어 문장을 완성하세요.

> **유물**: 옛날 사람들이 남긴 물건. 유적에 비해 작고 위치를 바꿀 수 있다.
>
> **유적**: 역사적인 사건이 일어났던 곳이나 건축물, 동굴, 무덤 등.

(1) 고인돌은 청동기 시대를 대표하는 ［　　　　　］ 이다.

(2) 빗살무늬 토기는 신석기 시대의 대표 ［　　　　　］ 이다.

## 우리 집

방정환

우리 집은 **가난뱅이**
농사꾼의 집.
여름내에 땀 흘리며
**김**을 매고도,
겨울에는 쌀이 없어
**굶주리는** 집.

우리 집은 찌그러진
**오막살이집.**
내가 내가 얼른 커서
어른이 되어,
커다랗게 훌륭하게
다시 지을 집.

우리 집은 **산골 동리**
작은 **초가집.**
긴긴 낮엔 할머니가
혼자 지키고,
밤에는 다섯 **식구**
모여 자는 집.

**가난뱅이** 가난한 사람을 낮잡아 이르는 말.　　**김** 논밭에 저절로 나서 자라는 풀.　　**굶주리는** 먹을 것이 없어서 모자라게 먹거나 아예 먹지 못하는.　　**오막살이집** 낡고 초라한 작은 집.　　**산골** 외지고 으슥한 깊은 산속.　　**동리** 주로 시골에서, 여러 집이 모여 사는 곳. 洞 마을 동 里 마을 리　　**초가집** 짚이나 갈대 따위로 지붕을 덮은 집. 草 풀 초 家 집 가　　**식구** 한집에서 함께 살면서 날마다 일정한 시간에 같이 밥을 먹는 사람. 食 밥 식 口 입 구

---

**1**

구조

이 시는 몇 연 몇 행으로 이루어졌나요?

☐ 연 ☐ 행

**2**

핵심어

이 시의 중심 소재는 무엇인가요?

① 김　　　　　　② 집　　　　　　③ 쌀

④ 어른　　　　　⑤ 할머니

**3**

내용
파악

이 시의 말하는 이에 관한 내용으로 <u>틀린</u> 것을 고르세요

① 집이 가난하다.

② 찌그러진 오막살이집에서 살고 있다.

③ 할머니와 떨어져 살고 있다.

④ 식구가 다섯 명이다.

⑤ 어른이 되면 집을 커다랗게 다시 짓고 싶어 한다.

**4**

내용
파악

말하는 이의 부모님 직업이 직접적으로 드러난 낱말을 찾아 쓰세요.

☐ ☐ ☐

**5** 이 시의 2연에서 느껴지는 말하는 이의 감정으로 알맞은 것을 고르세요.

추론

① 가난해서 슬프고 힘들다.

② 찌그러진 오막살이집이지만 여기서 사는 게 자랑스럽다.

③ 찌그러진 집을 고치지 않은 식구들이 원망스럽다.

④ 얼른 어른이 되어 이 집에서 벗어나고 싶다.

⑤ 현실이 힘들지만 포기하지 않고 이겨 내겠다.

**6** 이 시에 대한 설명으로 <u>틀린</u> 것을 고르세요.

내용
파악

① 홀수 행은 7~8자, 짝수 행은 5글자를 반복하여 리듬감을 만들었다.

② 각 연이 모두 '우리 집은'이라는 말로 시작한다.

③ 각 연이 모두 '집'이라는 말로 끝난다.

④ 흉내 내는 말을 사용하여 생동감 있게 표현하고 있다.

⑤ '집'에 대한 다양한 표현을 통하여 가난한 현실을 보여 주고 있다.

**7** 다음 사진을 나타내는 말을 시에서 찾아 쓰세요.

배경
지식

## 어휘력 기르기

**1단계** 다음 낱말들의 뜻을 찾아 바르게 이으세요.

(1) 가난 •

(2) 산골 •

(3) 식구 •

• ㉠ 살림살이가 넉넉하지 못함.

• ㉡ 한집에서 함께 살면서 날마다 일정한 시간에 같이 밥을 먹는 사람.

• ㉢ 외지고 으슥한 깊은 산속.

**2단계** 다음 문장의 빈칸에 알맞은 낱말을 위에서 찾아 쓰세요.

(1) 외갓집은 [　　　　　] 깊은 곳에 있어서 찾아가기가 불편하다.

(2) 그분은 무척 [　　　　　] 하지만 현실에 만족하며 지낸다.

(3) 오랜만에 모든 [　　　　　] 가 한자리에 모였다.

**3단계** 다음 설명을 읽고 '-뱅이'가 붙은 말 중에서 알맞은 낱말을 빈칸에 골라 쓰세요.

> **-뱅이**: 주로 좋지 않은 행동이나 성질을 나타내는 말 뒤에 붙어, '그러한 특징을 가진 사람이나 사물'의 뜻을 더하는 말.
>
> 예 가난뱅이, 게으름뱅이

(1) 학교 가는 것도, 밖에서 노는 것도 싫어하고 잠만 자는 동생을 나는 [　　　　　] 라고 불렀다.

(2) 그 사람은 버는 돈보다 쓰는 돈이 많아서 [　　　　　] 가 되었다.

옛날 동쪽 바다에 멸치 대왕이 살고 있었어. 그런데 어느 날 아주 이상한 꿈을 꾸었지. 꿈속에서 멸치 대왕이 하늘을 오르락내리락, 구름 속을 왔다 갔다, 그러다가 갑자기 흰 눈이 펄펄 내리더니 추웠다가 더웠다가 하는 거야. 멸치 대왕은 무슨 꿈인지 몹시 궁금했어. 그래서 멸치 대왕은 넓적 가자미한테 **꿈풀이**를 잘한다는 망둥 할멈을 데려오라고 했지.

넓적 가자미는 너무너무 졸려서 정말 가기 싫었지만 대왕님의 명령이라 어쩔 수 없었지. 넓적 가자미는 하루, 이틀, **사흘**, **나흘** 여러 날이 걸려서 망둥 할멈이 살고 있는 서쪽 바다에 도착했어. 넓적 가자미는 망둥 할멈을 데리고 또다시 하루, 이틀, 사흘, 나흘 **그렁저렁** 여러 날이 걸려 동쪽 바다로 돌아왔단다. 멸치 대왕은 먹을 것을 잔뜩 준비하고, 꼴뚜기, 메기, 병어 **정승** 들을 불렀지. 그리고 망둥 할멈을 반갑게 맞아들였어.

하지만 넓적 가자미한테는 **알은척**도 하지 않고 먹을 것도 주지 않자 넓적 가자미는 잔뜩 화가 나서 **토라져** 버렸어. 멸치 대왕이 망둥 할멈에게 꿈 이야기를 해 주자 망둥 할멈은 벌떡 일어나 절을 하면서 "대왕마마, 용이 될 꿈입니다."라고 말했어. 그러면서 하늘을 오르락내리락 구름 속을 왔다 가 갔다가 하는 것은 용이 되어서 하늘을 날아다니는 것이고, 흰 눈이 내리면서 추웠다가 더웠다가 하는 것은 용이 되어 날씨를 마음대로 다스리게 되는 것이라고 풀이해주었어. 망둥 할멈의 꿈풀이에 멸치 대왕은 기분이 좋아 **덩실덩실** 춤을 추었지.

하지만 넓적 가자미는 멸치 대왕한테 용이 되는 꿈이 아니라 큰 ㉠**변**을 당하게 될, 아주 나쁜 꿈이라고 말했어. 그러면서 하늘을 오르락내리락한다는 것은 낚싯대에 걸린 것이고, 구름은 **모락모락** 숯불 연기이고, 또 흰 눈은 소금이고, 추웠다가 더웠다가 한다는 것은 잘 익으라고 뒤집었다 엎었다 하는 것이라고 멸치 대왕의 꿈을 풀이했어.

㉡넓적 가자미의 꿈풀이를 듣던 멸치 대왕은 화가 나 얼굴이 점점 붉어졌지. 꿈풀이를 다 듣고 난 뒤 멸치 대왕은 너무나도 화가 나 넓적 가자미의 뺨을 때렸는데 어찌나 세게 때렸던지 넓적 가자미의 눈이 한쪽으로 찍 몰려가 붙어 버리고 말았던 거야. 그 모양을 보고 있던 꼴뚜기는 자기도 뺨을 맞을까 봐 겁이 나서 자기의 눈을 떼어서 엉덩이에 찰싹 붙여 버렸고, 망둥 할멈은 너무 놀라 눈이 튀어나와 버렸지. 메기는 기가 막혀 너무 크게 웃다가 입이 **쫙** 찢어져 버렸고, 병어는 자기도 입

이 찢어질까 봐 입을 꽉 움켜쥐고 웃다가 그만 입이 뾰족해지고 말았어.

– 천미진, 〈멸치 대왕의 꿈〉

**꿈풀이** 꿈에 나타난 일을 풀어서 좋고 나쁨을 판단함. 🔵 해몽 **사흘** 세 날. **나흘** 네 날. **그렁저렁** 그렇게 저렇게 하는 사이에 어느덧. **정승** 옛날에 있던 가장 높은 벼슬. 政 정사(나라를 다스리는 일) 정 丞 정승 승 **알은척** 어떤 일에 관심을 가지는 듯한 태도를 보임. **토라져** 마음에 들지 아니하고 뒤틀리어서 싹 돌아서. **덩실덩실** 신이 나서 팔다리를 흥겹게 자꾸 움직이며 춤을 추는 모양. **변** 갑자기 생긴 재앙이나 이상한 일. 變 재앙 변 **모락모락** 연기나 냄새, 김 등이 계속 조금씩 피어오르는 모양. **짝** 넓은 범위나 여러 갈래로 흩어져 퍼지는 모양.

---

**1** 이 글의 공간적 배경은 어디인가요?

배경

① 산골 마을　　　　② 어촌 마을　　　　③ 남쪽 바다

④ 동쪽 바다　　　　⑤ 북쪽 바다

**2** 멸치 대왕이 궁금해한 것을 고르세요.

내용
파악

① 용이 되는 방법.　　② 자신이 꾼 꿈의 뜻.　　③ 망둥 할멈이 사는 곳.

④ 넓적 가자미의 고민.　　⑤ 잠을 못 이루는 까닭.

**3** 이 글에 관한 내용 중 옳은 것을 고르세요.

내용
파악

① 망둥 할멈은 아주 이상한 꿈을 꾸었다.

② 멸치 대왕은 꼴뚜기에게 망둥 할멈을 데려오라고 시켰다.

③ 꼴뚜기는 너무 졸려서 멸치 대왕의 명령을 무시했다.

④ 넓적 가자미는 멸치 대왕에게 뺨을 맞았다.

⑤ 멸치 대왕은 낚싯대에 걸렸다.

**4**

**인물**

멸치 대왕과 넓적 가자미의 성격이 바르게 짝지어진 것을 고르세요.

| | 멸치 대왕 | 넓적 가자미 |
|---|---|---|
| ① | 겁이 많다. | 겁이 없다. |
| ② | 모든 일에 긍정적이다. | 모든 일에 부정적이다. |
| ③ | 욕심이 많다. | 눈치가 빠르다. |
| ④ | 마음이 착하고 주변 사람들을 잘 챙긴다. | 예의가 바르고 정직하다. |
| ⑤ | 자신에게 좋은 말 듣기를 좋아한다. | 눈치가 없고 질투가 심하다. |

**5**

**어휘**

㉠ '변' 대신 쓰일 수 <u>없는</u> 말을 고르세요.

① 사고　　　　　② 탈　　　　　③ 똥

④ 재앙　　　　　⑤ 날벼락

**6**

**추론**

㉡의 상황에서 멸치 대왕이 할 수 있는 말로 가장 적절한 것을 고르세요.

① "아주 마음에 드는 꿈풀이로구나. 여기 먹을 것을 잔뜩 준비했으니 마음껏 먹거라."

② "너의 꿈풀이를 들어보니 앞으로 큰 변을 당하지 않도록 조심해야겠구나."

③ "네 이놈! 감히 내 꿈을 그토록 나쁘게 풀이하다니. 괘씸하구나."

④ "내 꿈풀이를 위해 여기까지 와줘서 정말 고맙다. 꿈풀이를 더 자세히 해 다오."

⑤ "내 꿈이 그런 뜻이었다니. 참으로 부끄럽구나."

**7**

**내용
파악**

멸치 대왕에게 입이 찢어질까 봐 입을 꽉 움켜쥐고 웃다가 입이 뾰족해진 인물은 누구인가요?

① 병어　　　　　② 메기　　　　　③ 꼴뚜기

④ 망둥 할멈　　　⑤ 넓적 가자미

**1단계** 다음 낱말들의 뜻을 찾아 바르게 이으세요.

(1) 그렁저렁 •

(2) 덩실덩실 •

(3) 모락모락 •

• ㉠ 신이 나서 팔다리를 흥겹게 자꾸 움직이며 춤을 추는 모양.

• ㉡ 그렇게 저렇게 하는 사이에 어느덧.

• ㉢ 연기나 냄새, 김 등이 계속 조금씩 피어오르는 모양.

**2단계** 다음 문장의 빈칸에 알맞은 낱말을 위에서 찾아 쓰세요.

(1) 하얀 쌀밥에서 김이 [     ] 나고 있다.

(2) 사람들이 기쁨에 겨워 [     ] 춤을 추고 있다.

(3) [     ] 벌써 한 해가 다 지나가 버렸다.

**3단계** 다음 날짜의 뜻을 바르게 이으세요.

(1) 하루 •

(2) 이틀 •

(3) 사흘 •

(4) 나흘 •

(5) 닷새 •

• ㉠ 다섯 날.

• ㉡ 네 날.

• ㉢ 세 날.

• ㉣ 한 낮과 한 밤이 지나는 동안.

• ㉤ 두 날.

세상에 색이 없다면 하늘, 바다, 숲, 무지개 같은 자연의 아름다운 모습을 **온전히** 느낄 수 없습니다. 우리는 색의 세 가지 **속성**을 통하여 색을 구별합니다.

색상이란 빨강, 노랑, 초록, 파랑 등 어떤 색을 다른 색과 구별하는 **고유한** 속성입니다. 우리는 각 색깔에서 다른 느낌을 받습니다. 빨강과 주황을 보면 따뜻한 느낌이, 파랑과 남색을 보면 차가운 느낌이 듭니다. 초록이나 보라와 같이 따뜻하지도 않고, 차갑지도 않은 중간 느낌을 주는 색상도 있습니다.

따뜻한 느낌       중간 느낌       차가운 느낌

〈색의 색상〉

명도는 색의 밝고 어두운 정도를 뜻합니다. 색의 명도는 보통 0에서부터 10까지 11단계로 표시합니다. 10으로 갈수록 밝은색을 나타내고, 명도가 높다고 표현합니다. 반대로, 0으로 갈수록 어두우며, 명도는 낮다고 말합니다.

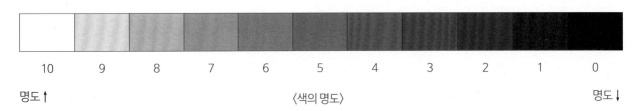

| 10 | 9 | 8 | 7 | 6 | 5 | 4 | 3 | 2 | 1 | 0 |

명도↑        〈색의 명도〉        명도↓

채도는 색의 선명한 정도를 뜻합니다. 선명함은 어떤 색이 다른 색과 섞이지 않아 깨끗한 상태입니다. 색이 선명할수록 원래의 색을 **띠며**, 채도가 높다고 말합니다. 반대로 **탁함**은 어떤 색이 다른 색과 섞여서 순수하지 않은 상태이며, 색이 탁할수록 채도는 낮다고 말합니다.

선명함                     탁함

채도↑        〈색의 채도〉        채도↓

**온전히** 원래 그대로 고스란히. 穩 편안할 온 全 온전할 전    **속성** 사물의 특징이나 성질. 屬 무리 속 性 성질 성    **고유한** 처음부터 특별히 가지고 있는. 固 원래 고 有 있을 유    **띠며** 빛깔을 가지며.    **탁함** 어두운 색이 섞여 밝거나 산뜻하지 않음. 濁 흐릴 탁

---

**1**

제목

이 글에 가장 어울리는 제목을 고르세요.

① 색의 느낌

② 밝은색과 어두운 색

③ 색의 세 가지 속성

④ 비슷한 색을 구별하는 방법

⑤ 색깔의 단계

**2**

내용
파악

어떤 색을 다른 색과 구별하는, 색의 고유한 속성을 고르세요.

① 무지개                  ② 특색

③ 색상                    ④ 명도

⑤ 채도

**3**

내용
파악

이 글의 내용으로 옳지 <u>않은</u> 것을 고르세요.

① 색이 없다면 하늘이나 바다와 같은 자연의 모습을 온전히 느낄 수 없다.

② 빨강은 따뜻한 느낌을 주는 색상이다.

③ 파랑은 차가운 느낌을 주는 색상이다.

④ 명도는 색의 선명함과 탁함의 정도를 뜻한다.

⑤ 색의 세 가지 속성은 색상, 명도, 채도다.

**4** 빈칸에 알맞은 숫자를 넣어 문장을 완성하세요.

내용
파악

색의 명도는 보통 0에서부터 10까지 ☐ 단계로 나누어 표시한다.

**5** 다음 중 가장 차가운 느낌을 주는 색은 무엇인가요?

적용

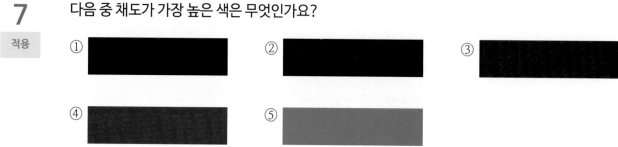

① ② ③
④ ⑤

**6** 다음 중 명도가 가장 높은 색은 무엇인가요?

적용

① ② ③
④ ⑤

**7** 다음 중 채도가 가장 높은 색은 무엇인가요?

적용

① ② ③
④ ⑤

**1단계** 다음 낱말들의 뜻을 바르게 이으세요.

(1) 온전히 •　　　　　　　　　• ㉠ 원래 그대로 고스란히.

(2) 고유한 •　　　　　　　　　• ㉡ 어두운 색이 섞여 밝거나 산뜻하지 않음.

(3) 탁함 •　　　　　　　　　• ㉢ 처음부터 특별히 가지고 있는.

**2단계** 다음 문장의 빈칸에 알맞은 낱말을 위에서 찾아 쓰세요.

(1) 한복은 우리나라의 [　　　　　　　] 옷이다.

(2) 색의 선명함과 [　　　　　　　] 의 정도를 나타내는 것이 채도다.

(3) 전쟁이 우리 마을을 휩쓸고 지나가 [　　　　　　　] 남아 있는 집이 거의 없었다.

**3단계** 다음 설명을 읽고 밑줄 친 부분의 뜻을 고르세요.

| 속성 | ① 사물의 특징이나 성질. |
|---|---|
| | ② 어떤 일을 빨리 이룸. 또는 빨리 깨우침. |

(1) 형은 할아버지께 글 쓰는 방법을 <u>속성</u>으로 배웠다.        (　　　)

(2) 누나는 항상 겉모습만으로 사물의 <u>속성</u>을 판단하려는 버릇이 있다.        (　　　)

우리가 활동하고, 우리 몸을 자라게 하려면 **영양소**를 **섭취**해야 합니다. 우리가 먹는 음식에는 여러 영양소가 들어 있습니다. 따라서 음식을 골고루 먹으면 몸에 필요한 영양소를 균형 있게 받아들일 수 있습니다. 영양소 중에서 탄수화물, 단백질, 지방, 무기질, 비타민은 우리 몸이 성장하는 데에 필요한 영양소입니다. 이를 5대 영양소라고 합니다.

탄수화물은 활동하는 데에 필요한 힘을 내게 해 줍니다. 그리고 두뇌 활동에 필요한 에너지를 만들어 줍니다. 그러므로 탄수화물이 부족하면 뇌의 기능이 떨어져 집중력이 저하됩니다. 또 우울해지고, 몸이 피로하여 일상 활동이 어려워집니다. 탄수화물이 풍부한 음식에는 밥, 고구마, 국수, 감자 등이 있습니다.

단백질은 근육이나 내장, 뼈, 피부, 머리카락 등 우리 몸을 만드는 중요한 영양소입니다. 숨 쉬고, 움직이고, 사물을 인식하는 등 모든 생명 활동에도 **관여**합니다. 단백질이 부족하면 머리카락이 얇아지고 손톱이 약해질 수 있으며, **면역력**이 떨어져 쉽게 병에 걸릴 수도 있습니다. 단백질이 많은 식품으로 고기, 생선, 콩, 달걀 등이 있습니다.

지방은 몸에서 힘을 내게 해 주고 체온을 유지해 줍니다. 또 피부를 부드럽고 윤기 있게 합니다. 우리의 뇌는 60% 이상이 지방으로 이루어져 있습니다. 그래서 지방이 부족하면 뇌의 활동이 저하되면서 기억력이 떨어질 수 있습니다. 피부가 건조해지거나 **염증**이 생길 수도 있습니다. 지방은 땅콩, 호두, 식용 기름 등에 많이 들어 있습니다.

무기질은 피부와 뼈, 혈액 등을 만드는 데에 쓰입니다. 대표적으로 칼슘, 인, 마그네슘, 칼륨이 있습니다. 칼슘과 인은 뼈를 튼튼하게 해 주고, 마그네슘은 근육을 **이완**하고 신경을 안정시켜 줍니다. 우리 몸에 필요한 무기질의 양은 아주 적지만, 부족하면 성장 발달 장애, 근육 **경련**, 면역력 감소 등 신체 기능을 유지하는 데에 문제가 생깁니다. 우유, 바나나, 미역, 멸치, 시금치 등으로 무기질을 섭취할 수 있습니다.

비타민은 우리 몸의 면역, 소화, 성장 등을 돕습니다. 비타민은 수용성과 지용성으로 구분합니다. 수용성 비타민은 물에 잘 녹으며, 가열 중에 파괴되기 쉽습니다. 지용성 비타민은 기름에 잘 녹으며, 비교적 열에 강합니다. 비타민이 부족하면 성장에 문제가 생기고, **야맹증**, 만성 피로, **빈혈** 등

여러 가지 병에 걸리기 쉽습니다. 비타민은 사과, 귤, 감, 포도, 배추, 붉은 고추 등에 들어 있습니다.

**영양소** 우리 몸에 필요한 영양분이 있는 물질. 營 경영할 영 養 기를 양 素 성질 소 　**섭취** 영양분을 몸속으로 빨아들이는 것. 攝 빨아들일 섭 取 취할 취 　**관여** 어떤 일에 관계하여 참여함. 關 관계할 관 與 참여할 여 **면역력** 몸 밖에서 들어온 병균을 이겨 내는 힘. 免 면할 면 疫 전염병 역 力 힘 력 　**염증** 몸의 어떤 부분이 다쳤을 때 일어나는 방어적 반응. 붓거나 열이 나거나 아픈 증세가 나타난다. 炎 불탈 염 症 증세 증 　**이완** 몸이나 마음의 긴장이 풀려 느슨해지는 것. 弛 느슨할 이 緩 느슨할 완 　**경련** 근육이 갑자기 오므라들거나 떨리는 것. 痙 경련 경 攣 경련할 련 　**야맹증** 밤에 눈이 잘 보이지 않는 증세. 夜 밤 야 盲 눈멀 맹 症 증세 증 　**빈혈** 산소를 공급해 주는 적혈구가 피 속에 모자란 상태. 두통과 어지럼증 등이 나타난다. 貧 모자랄 빈 血 피 혈

---

**1**

내용 파악

5대 영양소를 쓰세요.

_____ , _____ , _____ , _____ , _____

**2**

내용 파악

다음 중 무기질에 속하지 <u>않는</u> 것을 고르세요.

① 칼슘　　　　　② 칼륨　　　　　③ 인
④ 지방　　　　　⑤ 마그네슘

**3**

내용 파악

이 글의 내용으로 옳은 것에는 ○표, 틀린 것에는 ×표 하세요.

(1) 지용성 비타민은 물에 잘 녹는다.　　　　　　　　　　　　( 　　 )

(2) 지방은 체온을 유지해 주는 역할을 한다.　　　　　　　　　( 　　 )

(3) 우리 몸에 가장 많이 필요한 것은 무기질이다.　　　　　　( 　　 )

(4) 탄수화물은 두뇌 활동에 필요한 에너지를 만들어 준다.　　( 　　 )

(5) 단백질은 근육, 내장, 뼈, 피부, 머리카락 등을 만든다.　　( 　　 )

**4** 영양소와 그 영양소가 많이 들어 있는 대표 음식을 바르게 짝지으세요.

내용 파악

(1) 탄수화물 •

(2) 단백질 •

(3) 지방 •

(4) 무기질 •

(5) 비타민 •

• ㉠ 땅콩, 호두, 식용 기름

• ㉡ 사과, 귤, 감, 포도

• ㉢ 밥, 고구마, 국수, 감자

• ㉣ 고기, 생선, 콩, 달걀

• ㉤ 우유, 바나나, 미역, 시금치

**5** 이 글을 읽고 바르지 <u>않은</u> 말을 한 사람을 찾으세요.

적용

① 은지: 단백질을 많이 섭취하면 면역력이 떨어질 수 있으니 고기나 생선은 조금만 먹어야 해.

② 서진: 몸이 피로하고 집중력이 떨어질 때에는 밥, 고구마, 감자 등을 먹으면 좋아.

③ 소영: 우유, 멸치 등 무기질이 풍부한 음식은 뼈를 튼튼히 하는 데에 도움이 돼.

④ 재원: 사과, 귤 등 비타민이 든 음식을 먹으면 빈혈이나 야맹증 등을 예방할 수 있어.

⑤ 창진: 지방이 부족하면 뇌 활동이 둔해질 수 있으니 땅콩과 호두 등을 잘 먹어야겠어.

**6** 다음은 어떤 영양소에 관한 설명인가요?

배경 지식

> 탄수화물, 단백질과 함께 우리 몸에 에너지를 공급해 주는 3대 영양소다. 탄수화물, 단백질보다 많은 열량을 지녔다.
>
> 열량이 큰 만큼 너무 많이 섭취하면 비만할 위험이 커진다. 또 혈액 속에 이것의 농도가 높아지면 심장과 혈관에 병이 생길 수도 있다.
>
> * 혈관: 피가 흐르는 몸속의 관.

**1단계**　다음 낱말의 뜻을 찾아 선으로 이으세요.

(1) 영양소　●　　　　　　　　　● ㉠ 근육이 갑자기 오므라들거나 떨리는 것.

(2) 면역력　●　　　　　　　　　● ㉡ 우리 몸에 필요한 영양분이 있는 물질.

(3) 경련　●　　　　　　　　　● ㉢ 몸 밖에서 들어온 병균을 이겨 내는 힘.

**2단계**　위에서 배운 낱말을 빈칸에 넣어 문장을 완성하세요.

(1) 우유에는 건강에 필요한 ☐☐☐☐ 가 많이 들어 있다.

(2) 무기질 중 마그네슘이 부족하면 눈꺼풀에 ☐☐☐☐ 이 일어날 수 있다.

(3) 어린아이들은 ☐☐☐☐ 이 약해 감기에 잘 걸린다.

**3단계**　낱말 풀이를 읽고, 빈칸에 알맞은 낱말을 넣어 문장을 완성하세요.

(1) 비타민 A가 부족하면 ☐☐☐ 이 생길 수 있다.

　　＊ 밤에 눈이 잘 보이지 않는 증세.

(2) 비타민 C가 부족하면 잇몸에 피가 나거나 ☐☐ 가 생길 수 있다.

　　＊ 정신이나 몸이 지쳐 힘든 상태.

하루 24시간은 누구에게나 **공평**하게 주어집니다. 이 시간을 어떻게 활용하느냐에 따라 우리의 미래는 달라집니다. 무심코 보낸 하루하루가 쌓여 미래의 모습이 결정되기 때문입니다. 따라서 밝은 미래를 꿈꾼다면 계획을 세워 시간을 소중히 써야 합니다.

계획을 세우면 규칙적으로 생활하게 됩니다. 그리고 자신이 세운 계획을 실천해 가면서 **성취감**과 **자신감**을 얻습니다. 또 시간을 낭비하지 않고 목표를 이뤄 나가게 되어 자신의 꿈에 가까워질 수 있습니다.

계획을 세울 때에는, 자신이 지킬 수 있는 목표를 정합니다. 목표가 너무 크면 도중에 **좌절**하거나 포기하는 일이 생길 수 있습니다. 따라서 자신이 실천할 수 있는, 구체적인 목표를 정해야 합니다. 그러고 나서 한 달, 일주일, 하루 등의 단위로 목표를 자세히 나눕니다. 예를 들어, 한 달에 책 열 권 읽기가 목표라면 일주일에 2~3권, 하루에 20쪽 읽기 등 구체적으로 계획을 세웁니다.

목표를 세웠다면 **우선순위**를 정합니다. 할 일은 중요한 일과 덜 중요한 일로 나눕니다. 급하고 중요한 일을 먼저 합니다. 그렇게 하면 시간을 **효율적**으로 사용할 수 있습니다.

그 다음, 계획을 실천합니다. 그러면서 하루나 일주일 단위로 자신의 계획이 잘 이루어지고 있는지 점검합니다. 이 과정에서 계획을 수정하여 좀 더 실현 가능한 목표로 바꿀 수도 있습니다. 계획이 지켜지지 않고 있다면 스스로 **북돋우면서** 자신과의 약속을 지키기 위해 더욱 노력해야 합니다.

'＿＿＿＿＿＿＿＿ ㉠ ＿＿＿＿＿＿＿＿'라는 말이 있습니다. 시간을 낭비하지 말고 소중히 사용하라는 뜻입니다. 우리에게 주어진 시간은 정해져 있습니다. 시간을 **헛되이** 보내지 않도록 계획을 세우고 실천합시다.

---

**공평** 어느 쪽으로 치우치지 않고 고름. 公 공평할 공 平 고를 평　**성취감** 목적한 바를 이루었다는 느낌. 成 이룰 성 就 이룰 취 感 느낄 감　**자신감** 자신이 있다는 느낌. 自 스스로 자 信 믿을 신 感 느낄 감　**좌절** 마음이나 기운이 꺾임. 挫 꺾일 좌 折 꺾일 절　**우선순위** 다른 것에 앞서 차지하는 순서. 優 뛰어날 우 先 먼저 선 順 좋을 순 位 자리 위　**효율적** 들인 노력에 비해 얻는 결과가 큰 것. 效 나타날 효 率 비율 율 的 과녁 적　**북돋우면서** 기운을 내게 하면서.　**헛되이** 아무 보람이나 뜻이 없게.

**1**

중심
생각

이 글에서 주장하는 내용은 무엇인가요?

① 약속을 잘 지키자.　　　　② 시간을 잘 지키자.

③ 계획을 세우자.　　　　④ 모든 일에 최선을 다하자.

⑤ 부지런하게 생활하자.

**2**

어휘

제시된 뜻을 보고, 다음 문장의 빈칸에 들어갈 낱말을 앞 글에서 찾아 쓰세요.

내가 ☐☐☐ 던진 말에 희수는 눈물을 흘렸다.

\* 아무런 뜻이나 생각 없이.

**3**

내용
파악

계획을 세우면 좋은 점이 <u>아닌</u> 것을 고르세요.

① 규칙적으로 생활하게 된다.

② 몸이 튼튼해지고 기분이 좋아진다.

③ 자신감을 얻을 수 있다.

④ 자신이 세운 계획을 실천해 가면서 성취감을 얻는다.

⑤ 자신의 꿈에 가까워질 수 있다.

**4**

내용
파악

이 글의 내용과 같은 것을 고르세요.

① 목표는 크게 정한다.

② 한번 세운 계획은 절대 수정하지 않는다.

③ 좋아하는 일과 싫어하는 일로 나눈 뒤에 우선순위를 정한다.

④ 계획이 잘 이루어지고 있는지 점검한다.

⑤ 목표는 언제든 바꿀 수 있으므로 구체적으로 정하지 않는다.

6주
28회

## 5

표현

㉠에 들어갈 말을 고르세요.

① 시간은 돈이다

② 세월이 약

③ 호랑이에게 물려 가도 정신만 차리면 산다

④ 가장 바쁜 사람이 가장 많은 시간을 갖는다

⑤ 사람 팔자 시간문제

## 6

적용

시간의 소중함을 잘 알고 행동하는 사람은 누구인가요?

① 친구와의 약속 시간을 지키지 않은 승진.

② 자투리 시간을 활용해 책을 읽는 기정.

③ 해야 할 일을 뒤로 미룬 채 놀기만 하는 준호.

④ 자신이 좋아하는 일에만 시간을 쓰는 동하.

⑤ 약속하지 않고 불쑥 찾아가 친구의 시간을 뺏은 현주.

* **자투리 시간** 일과 사이에 잠깐씩 남는 시간.

## 7

배경
지식

다음 대화를 읽고, 빈칸에 알맞은 네 글자로 된 한자어를 고르세요.

> **누나:** 은우야, 너 두 시간째 게임하는 거야?
>
> **은우:** 스트레스 풀려면 게임이라도 해야지.
>
> **누나:** 앞으로는 게임을 하지 않겠다고 약속했잖아. 이틀은 잘 지키더니…….
>
> **은우:** 그때는 그때고, 지금은 마음이 달라졌단 말이야.
>
> **누나:** 이럴 때 생각나는 사자성어가 있지. 어떤 일을 하기로 하고 3일도 안 되어 그 마음이 변
>
> 한다는 뜻의 ⬚⬚⬚⬚ . 딱, 널 두고 하는 말이구나.

① 삼삼오오　　　　② 삼한사온　　　　③ 이심전심

④ 일석이조　　　　⑤ 작심삼일

## 어휘력 기르기

**1단계** 다음 낱말의 뜻을 찾아 선으로 이으세요.

(1) 공평 ●

(2) 우선순위 ●

(3) 헛되이 ●

● ㉠ 아무 보람이나 뜻이 없게.

● ㉡ 다른 것에 앞서 차지하는 순서.

● ㉢ 어느 쪽으로 치우치지 않고 고름.

**2단계** 위에서 배운 낱말을 빈칸에 넣어 문장을 완성하세요.

(1) 원태는 방학을 [　　　　　　] 보내지 않으려고 계획표를 만들었다.

(2) 선생님께서는 우리에게 [　　　　　　] 한 기회를 주셨다.

(3) 원희는 중요성을 따져 가며 할 일의 [　　　　　　] 를 정했다.

**3단계** 설명을 읽고, 알맞은 낱말을 찾아 쓰세요.

> **-감**: 어떤 낱말 뒤에 붙어 '느낌'이나 '생각'의 뜻을 더하는 말.
>
> 예 자신감, 책임감, 성취감

(1) 자신이 있다는 느낌.

_____

(2) 목적한 바를 이루었다는 느낌.

_____

(3) 맡아서 할 일을 중요하게 여기는 마음.

_____

> ⃝ㄱ

서덕출

오늘은 구월 구일
길 떠나는 날
ⓛ 제비가 **강남**으로
길 떠나는 날
ⓒ 처마 끝 정든 집
남기어 두고
쓸쓸히 또 외로이
길 떠나는 날

오늘은 구월 구일
길 떠나는 날
제비가 강남으로
길 떠나는 날
**맴돌며 지절지절**
**지저귀는** 말
잘 있으오 나는 가오
하는 말인 듯

**강남** 중국 양쯔강의 남쪽 지역을 이르는 말. 江 강 강 南 남쪽 남  **맴돌며** 어떤 곳 주변에서 원을 그리며 빙빙 돌며.  **지절지절** 새가 자꾸 서로 어울려 지저귀는 소리나 모양.  **지저귀는** 새가 계속 소리 내어 우는.

**1**

제목

이 시의 ㉠에 들어갈 제목으로 가장 알맞은 것을 고르세요.

① 오늘                          ② 길 떠나는 날

③ 정든 집                       ④ 강남

⑤ 지절지절

**2**

내용
파악

이 시를 <u>잘못</u> 이해한 문장을 찾으세요.

① 제비는 9월 9일에 강남으로 떠난다.

② 제비는 정든 집을 두고 떠나게 되었다.

③ 떠나는 제비의 마음이 쓸쓸하다.

④ 제비는 바로 떠나지 못하고 집 주변을 맴돌고 있다.

⑤ 말하는 이는 제비에게 잘 가라고 인사하고 있다.

**3**

배경
지식

다음 그림 가운데 ㉡과 ㉢을 찾아 괄호 안에 그 번호를 쓰세요.

(1) 제비 (          ) ①    ②

(2) 처마 (          ) ①    ②

**4** 제비는 봄에 우리나라에 왔다가 가을이 되면 따뜻한 나라로 돌아갑니다. 이렇게 '계절에 따라 옮겨 다니며 사는 새'를 무엇이라고 할까요?

어휘

① 텃새　　　　　② 억새　　　　　③ 철새

④ 산새　　　　　⑤ 물새

**5** 이 시의 분위기를 나타내는 낱말을 두 개 찾으세요.

감상

① 제비　　　　　② 강남　　　　　③ 쓸쓸히

④ 외로이　　　　⑤ 지저귀는

**6** 우리나라는 예부터 홀수를 좋은 숫자라고 생각했습니다. 그래서 음력으로 홀수가 겹치는 날을 무척 좋은 날이라고 여겼습니다. 다음 음력 날짜에 맞는 설명을 연결하세요.

배경
지식

(1) 1월 1일 •

(2) 3월 3일 •

(3) 5월 5일 •

(4) 7월 7일 •

(5) 9월 9일 •

• ㉠ 삼짇날. 강남 갔던 제비가 돌아온다는 날. 진달래꽃을 넣어 전을 부쳐 먹는다.

• ㉡ 설날. 조상에게 차례를 지내고 어른께 세배를 한다.

• ㉢ 중양절. 단풍이 물든 산으로 나들이를 하고 국화전을 만들어 먹는다. 제비가 강남으로 돌아간다.

• ㉣ 단오. 수릿날이라고도 한다. 창포물에 머리를 감고, 쑥 등을 넣은 떡을 먹는다.

• ㉤ 칠석. 견우와 직녀가 만나는 날. 바느질을 잘하게 해 달라고 빌기도 한다.

## 어휘력 기르기

**1단계**    다음 낱말의 뜻을 찾아 줄로 이으세요.

(1) 강남 •
     • ㉠ 지붕이 건물의 벽 밖으로 튀어나온 부분.

(2) 처마 •
     • ㉡ 중국 양쯔강의 남쪽 지역을 이르는 말.

**2단계**    위에서 배운 낱말을 빈칸에 넣어 문장을 완성하세요.

(1) 제비 부부가 [　　　　　　] 아래에 둥지를 짓고 알을 낳았다.

(2) 날씨가 추워지자 제비들이 우리나라를 떠나 [　　　　　　] 으로 날아갔다.

**3단계**    다음 중 맞춤법에 맞는 낱말에 ○표 하세요.

(1) 현주가 학교에 오지 않아 집까지 나 혼자 [ 쓸쓸이 / 쓸쓸히 ] 걸어갔다.

(2) 모두 집에 가고 성현이만 [ 외로이 / 외로히 ] 운동장에 남았다.

(3) 새들이 [ 지저귀는 / 지적이는 ] 소리를 듣고 잠에서 깨었다.

**앞부분의 내용:** 옛날, 황해도 옹진의 한 고을에 옹고집이라는 사람이 살았습니다. 옹고집은 아주 부자였지만 **인색**하고 성질이 고약했습니다. 늙은 어머니가 병들어 누웠어도 약 한 **첩** 드리지 않았고, 거지가 구걸을 오거나 스님이 **시주**를 받으러 오면 ㉠[　　　　　　　　] 하여 쫓아냈습니다. 어느 날, 옹고집에게 **봉변**을 당하고 돌아온 스님이 그의 못된 성격을 고치기 위해 **도술**을 부려 옹고집과 똑같은 가짜 옹고집을 만들었습니다. 옹고집이 두 명이 되니 식구들은 누가 진짜 옹고집인지 가려 내지 못했습니다. 두 옹고집은 사또를 찾아가 **진위**를 겨뤘습니다. 그런데 가짜 옹고집이 진짜 옹고집보다 **족보**를 더 자세히 알아 진짜로 인정받았습니다. 결국 진짜 옹고집은 매를 맞고 마을에서 쫓겨났습니다.


옹고집은 재산이며 식구들을 다 빼앗기고 나니, 세상에 살 뜻을 잃어 깊은 산속으로 들어갔습니다.

"아이고, 어머니! 아이고, 마누라! 내가 죄를 많이 지어 이 고생을 겪나 보오. 너무 몹쓸 짓을 많이 했어. 마음을 곱게 먹고 사람답게 살았다면 이런 일이 없었을 텐데."

옹고집은 **하염없이** 눈물을 흘렸습니다. 눈에는 병든 어머니의 얼굴이 **아른거렸습니다.**

"㉡ 내가 너무했어. 병들어 누워 계신 어머니께 약 한 첩 달여 드리기는커녕 닭 한 마리 삶아 드리지 않았어. 게다가 불도 때지 않은 차가운 방에 내버려 두었으니 벌을 받아도 싸지."

지난날을 뉘우치며 목 놓아 울고 있는데 어디선가 신비한 목소리가 들려왔습니다.

"뉘우쳐도 늦었네. 그리 슬퍼할 일을 왜 했는고?"

옹고집은 정신이 번쩍 나서 사방을 둘러보았습니다. 맞은편 높은 벼랑 위에 머리와 수염이 하얀 노인이 서 있었습니다.

"하늘이 내린 벌이거늘, 네가 지은 죄인데 누구를 원망하며 누구를 탓하랴!"

옹고집은 노인에게 달려가 넙죽 큰절을 올렸습니다.

"제가 저지른 죄를 생각하면 죽어도 억울하지 않지만, 바라건대 늙으신 어머님과 저만 믿고 사는 처자식을 한 번만 보게 해 주십시오."

옹고집은 울면서 **애원했습니다.** 노인을 바라보니, 그 노인은 얼마 전에 시주를 와서 자기한테 구박을 당하고 간 스님이었습니다.

"그간 네가 저지른 일을 생각하면 지금 죽어도 아깝지 않으나, 진심으로 뉘우치고 있으니 너의 그 **갸륵한** 마음을 보아 용서하겠다. 죄를 뉘우쳐 착하게 살렸다!"

그러고는 품 안에서 **부적** 하나를 꺼내 던져 주며 말했습니다.

"이 부적을 가지고 집으로 돌아가 주문을 외면 가짜 옹고집이 사라질 것이다."

스님은 옹고집에게 종이 한 장을 넘겨주고 감쪽같이 사라졌습니다.

**뒷부분의 내용:** 집으로 돌아간 진짜 옹고집이 부적을 꺼내 주문을 외니 방 안에 있던 가짜 옹고집이 순식간에 허수아비로 변했습니다. 그 뒤, 옹고집은 가족에게 정성을 다하고 이웃에게 베풀며 살았습니다.

– 고전 소설, 〈옹고집전〉

**인색** 재물을 아끼는 태도가 몹시 지나침. 吝 아낄 인 嗇 아낄 색    **첩** 한약을 지어 넣은 봉지를 세는 말. 貼 붙일 첩    **시주** 스님이나 절에 물건을 베풀어 주는 일. 施 베풀 시 主 주인 주    **봉변** 뜻밖에 망신스러운 일이나 어려움을 당하는 것. 逢 만날 봉 變 재앙 변    **도술** 도를 닦아 놀라운 재주를 부리는 기술. 道 도사 도 術 재주 술    **진위** 참과 거짓 또는 진짜와 가짜를 통틀어 이르는 말. 眞 참 진 僞 거짓 위    **족보** 한 집안의 조상과 자손의 관계를 세대에 따라 기록한 책. 族 친족 족 譜 족보 보    **하염없이** 그침이 없이.    **아른거렸습니다** 무엇이 희미하게 보이다 말다 하였습니다.    **애원했습니다** 애처롭게 사정하여 간절히 바랐습니다. 哀 슬플 애 願 바랄 원    **갸륵한** 착하고 장한.    **부적** 귀신을 쫓기 위해, 붉은색으로 글씨를 쓰거나 그림을 그린 종이. 符 부호 부 籍 문서 적

---

**1**

인물

이 글의 주인공은 누구인가요?

**2**

어휘

㉠에 알맞은 한자어를 고르세요.

① 혼비백산: 몹시 놀라 정신이 없음.

② 두문불출: 집에만 있고 바깥출입을 하지 않음.

③ 문전박대: 문 앞에서 쫓아낼 듯이 인정 없고 모질게 대함.

④ 문전성시: 찾아오는 사람이 많아 집 문 앞이 시장을 이루다시피 함.

⑤ 인과응보: 선한 일을 하면 선의 결과가, 악한 일을 하면 악의 결과가 뒤따름.

**3**

내용 파악

이 글의 내용으로 옳은 것을 고르세요.

① 사또는 가짜 옹고집에게 벌을 주었다.

② 스님은 진짜 옹고집에게 금화를 주었다.

③ 옹고집은 가난하지만 착하고 인정이 많았다.

④ 부적을 던지자 가짜 옹고집은 생쥐로 변했다.

⑤ 스님은 옹고집의 버릇을 고치기 위해 도술을 부려 가짜 옹고집을 만들었다.

**4**

내용 파악

ⓛ에서 알 수 있는 옹고집의 태도로 옳은 것을 고르세요.

① 어머니께 약을 지어 드렸다.　　② 어머니께 닭을 삶아 드렸다.

③ 따뜻한 방에 어머니를 모셨다.　　④ 어머니를 보살펴 드리지 않았다.

⑤ 돈이 없어 어머니의 병을 고쳐드리지 못했다.

**5**

내용 파악

이 글과 관련 없는 말을 한 사람은 누구인가요?

① 민환: 옹고집의 생각은 그의 말과 행동을 통해 짐작할 수 있어.

② 주영: 양반이 힘없는 백성들을 괴롭히는 모습을 비판하는 내용이야.

③ 은희: 착한 일을 하면 복을 받고 나쁜 일을 하면 벌을 받는다는 교훈을 얻었어.

④ 석주: 옹고집의 인색하고, 욕심 많고, 심술궂은 점이 〈흥부전〉의 놀부와 닮았어.

⑤ 미려: 마을에서 쫓겨나기 전과 후로 나누어 옹고집의 성격이 달라지는 걸 알 수 있어.

**6**

줄거리

이 글의 내용을 순서대로 나열하세요.

① 진짜 옹고집은 매를 맞고 마을에서 쫓겨났다.

② 인색하고 성질이 고약한 옹고집은 집에 찾아온 스님을 구박하여 내쫓았다.

③ 스님은 도술을 부려 진짜 옹고집과 똑같은 가짜 옹고집을 만들었다.

④ 옹고집이 지난날을 뉘우치자 스님이 나타나 용서하고 부적을 주었다.

⑤ 진짜 옹고집은 가족에게 정성을 다하고 이웃에게 베풀며 살았다.

☐ → ☐ → ☐ → ☐ → ☐

## 어휘력 기르기

**1단계**　다음 낱말의 뜻을 찾아 선으로 이으세요.

(1) 봉변　●

(2) 진위　●

(3) 부적　●

● ㉠ 뜻밖에 망신스러운 일이나 어려움을 당하는 것.

● ㉡ 귀신을 쫓기 위해, 붉은색으로 글씨를 쓰거나 그림을 그린 종이.

● ㉢ 참과 거짓 또는 진짜와 가짜를 통틀어 이르는 말.

**2단계**　위에서 배운 낱말을 빈칸에 넣어 문장을 완성하세요.

(1) 태우는 학교에 떠도는 소문의 [　　　　　]를 알고자 선생님을 찾아갔다.

(2) 수지는 귀신 쫓는 [　　　　　]을 지갑에 넣고 다녔다.

(3) 준수는 걸어가다 새똥에 맞는 [　　　　　]을 당했다.

**3단계**　소리는 같지만 뜻이 다른 낱말이 괄호에 들어갑니다. 그 낱말을 빈칸에 쓰세요.

| (1) [ ] | ① 김치를 담그는 일은 보기보다 (　　)이 많이 든다. |
| | * 일을 하는 데에 드는 힘이나 수고. |
| | ② 아버지는 (　　)에서 사진 한 장을 꺼내셨다. |
| | * 윗옷을 입었을 때, 윗옷과 가슴 사이의 틈. |
| (2) [ ][ ] | ① 마법사가 (　　)을 외자 시간이 멈췄다. |
| | * 술수를 부리거나 귀신을 쫓으려고 할 때 외는 글귀. |
| | ② 성희는 분식집에서 떡볶이 2인분을 (　　)했다. |
| | * 음식점 등에서 음식이나 음료 따위를 시킴. |

지구를 둘러싸고 있는 대기의 범위를 대기권이라고 합니다. 대기권은 네 층으로 나뉩니다. **지표**에 가장 가까운 **대기층**은 대류권입니다. 대류권에서는 공기가 활발히 움직여 여러 **기상** 현상이 발생합니다. 그 위에는 성층권이 있습니다. 온도와 기압의 변화가 없어 바람과 구름이 거의 발생하지 않습니다. 그 위에 있는 대기층은 중간권입니다. 중간권의 윗부분은 대기권에서 가장 기온이 낮습니다. 가장 높은 대기층은 열권입니다. 공기가 희박하며 **고도**가 높아질수록 온도도 상승합니다.

이 가운데 성층권에는 오존층이라는 부분이 있습니다. 오존이 많아 지어진 이름입니다. 오존이 분해되면 우리가 마시는 산소가 됩니다. 반대로, 우리가 마시는 산소가 **자외선**을 받아 쪼개지면 그것이 다른 산소와 **결합**하여 오존이 되기도 합니다.

오존층의 오존은 하늘 높은 곳에서 지구의 생물들을 보호합니다. 태양이 내보내는 강한 자외선이 지표까지 오는 것을 막아 줍니다. 사람이 태양의 강한 자외선을 쪼이면 **실명**하거나 피부암에 걸릴 수도 있습니다. 하지만 오존이 생물체에 해로운 자외선을 막아 주어 지구의 생물들이 건강하게 지낼 수 있습니다.

그런데 사람들의 잘못으로 오존층이 파괴되고 있습니다. 냉장고, 에어컨, **분무제** 등에 쓰이는 프레온 가스와 소화기에 사용되었던 할론 가스 등이 하늘로 올라가면 오존을 파괴합니다. 이런 물질들이 많아지면 오존의 **농도**가 급격하게 줄어드는 '오존 홀(ozone hole, 오존층이 엷어져 구멍이 뚫린 것 같은 상태가 되는 현상)' 현상도 벌어집니다. 오존층의 두께가 얇아지면 농작물의 **수확량**이 떨어지거나 생태계의 균형이 깨질 수도 있습니다.

그래서 요즘에는 오존 파괴 물질의 사용을 줄이기 위해 사람들이 노력하고 있습니다. 1987년에는 여러 나라 대표가 캐나다에 모여 '몬트리올 **의정서**'를 **채택**했습니다. 거기에는 프레온 가스, 할론 가스의 사용을 줄이고 **대체** 물질을 개발하자는 내용이 담겨 있습니다. 우리나라도 1992년에 가입하였습니다.

오존은 하늘 높은 곳에 있으면 우리에게 도움이 되지만 가까이 있으면 오히려 해롭습니다. 사람이 오존을 접하면 눈이 따끔거리고 기침을 합니다. 심하면 폐 기능이 떨어지기도 합니다. 이처럼 오존은 사람을 포함한 생물체에게 도움이 되기도, 위험 요소가 되기도 합니다.

**지표** 지구의 가장 겉면. 地 땅 지 表 겉 표   **대기층** 대기의 층. 大 큰 대 氣 공기 기 層 층 층   **기상** 대기 중에서 일어나는 현상을 통틀어 이르는 말. 氣 날씨 기 象 모양 상   **고도** 바닷물의 표면을 기준으로 측정한 높이. 高 높을 고 度 정도 도   **자외선** 사람의 눈에 보이지 않고, 살균 작용을 하는 전자기파. 紫 자주색 자 外 바깥 외 線 선 선   **결합** 둘 이상의 사물이나 사람이 서로 관계를 맺어 하나가 됨. 結 맺을 결 合 합할 합   **실명** 시력을 잃어 앞을 못 보게 됨. 失 잃을 실 明 시력 명   **분무제** 기구를 사용하여 안개처럼 내뿜게 하는 물질. 噴 뿜을 분 霧 안개 무 劑 약 제   **농도** 어떤 성질이나 성분이 들어 있는 정도. 濃 짙을 농 度 정도 도   **수확량** 농작물을 거두어들인 양. 收 거둘 수 穫 거둘 확 量 양 량   **의정서** 각 나라의 대표가 모인 회의에서 정한 사항을 적은 문서. 議 의논할 의 定 정할 정 書 글 서   **채택** 작품, 의견, 제도 등을 골라서 씀. 採 고를 채 擇 고를 택   **대체** 다른 것으로 대신함. 代 대신할 대 替 바꿀 체

---

**1**

핵심어

이 글의 중심 낱말은 무엇인가요?

① 대기권            ② 자외선            ③ 오존층

④ 태양             ⑤ 프레온 가스

**2**

내용
파악

이 글의 내용을 정리했습니다. 빈칸에 알맞은 낱말을 쓰세요.

| 가운데 1 |
| --- |
| 오존과 오존층. |

| 가운데 2 |
| --- |
| 오존이 지구의<br>(2) ☐☐ 을 보호한다. |

| 처음 |
| --- |
| 지구의<br>(1) ☐☐☐ |

| 가운데 3 |
| --- |
| 사람들의 잘못으로<br>오존층이 파괴되고 있다. |

| 가운데 4 |
| --- |
| (3) ☐☐ 파괴 물질의<br>사용을 줄이려는 노력. |

| 끝 |
| --- |
| 오존은 사람에게<br>이로운 점과<br>해로운 점이 있다. |

**3** 다음 중 이 글의 내용과 다른 문장을 찾으세요.

내용
파악

① 중간권의 윗부분은 대기권에서 기온이 가장 낮다.

② 오존이 자외선을 막아 준다.

③ 프레온 가스와 할론 가스가 오존을 파괴한다.

④ 하늘에 오존이 하나도 남지 않는 현상을 '오존 홀'이라고 한다.

⑤ 오존은 사람에게 기침이 나게 하거나 눈이 따끔거리게 한다.

**4** 우리나라는 몬트리올 의정서에 몇 년에 가입하였나요?

내용
파악

|  | 년 |
|---|---|

**5** 지구에서 오존층이 있는 대기층은 어디인가요?

내용
파악

**6** 다음 그림을 보고 빈칸에 알맞은 낱말을 쓰세요.

적용

## 어휘력 기르기

**1단계**   다음 낱말의 뜻을 찾아 선으로 이으세요.

(1) 기상 •

(2) 실명 •

(3) 농도 •

• ㉠ 어떤 성질이나 성분이 들어 있는 정도.

• ㉡ 시력을 잃어 앞을 못 보게 됨.

• ㉢ 대기 중에서 일어나는 현상을 통틀어 이르는 말.

**2단계**   위에서 배운 낱말을 빈칸에 넣어 문장을 완성하세요.

(1) 삼촌은 교통사고로 [          ] 하셔서 앞을 못 보신다.

(2) 나는 그릇에 물을 부어 소금물의 [          ] 를 낮추었다.

(3) 우리나라도 여름에는 [          ] 이 자주 변한다.

**3단계**   다음 뜻에 알맞은 낱말을 빈칸에 넣어 십자말풀이를 하세요.

(1) 지구의 가장 겉면.

(2) 시간을 질질 끌거나 늦춤.

(3) 다른 것으로 대신함.

(4) 지구를 둘러싸고 있는 공기.

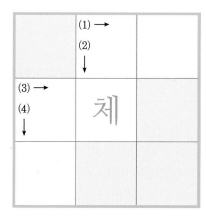

음악이 곁들여진 연극을 '음악극'이라고 합니다. 다시 말해, 음악극이란 배우들이 노래를 통해 연기하면서 이야기를 펼쳐 나가는 연극입니다. 서양 음악극에 **뮤지컬**과 **오페라**가 있다면, 우리나라 음악극에는 판소리와 창극이 있습니다.

판소리는 **고수**의 북장단에 맞추어 **소리꾼** 한 명이 소리, 아니리, 발림을 섞어 이야기를 풀어 나가는 음악극입니다. 판소리는 '소리, 아니리, 발림, 추임새'로 이루어집니다. '소리'는 소리꾼이 부르는 노래, '아니리'는 소리꾼이 말로 전하는 이야기, '발림'은 소리꾼의 춤이나 몸짓입니다. 고수가 소리꾼의 노래에 "얼쑤!", "어이!", "잘한다!", "그렇지!" 하며 흥을 **돋워** 주는 말은 '추임새'라고 합니다.

판소리는 열두 마당이라고 하여 그 수가 많았지만, 현재는 〈춘향가〉, 〈심청가〉, 〈흥보가〉, 〈수궁가〉, 〈적벽가〉 등 다섯 마당만 전해지고 있습니다. 판소리는 우수성과 독창성을 세계적으로 인정받아 **유네스코** 인류 **무형 문화유산**으로 지정되었습니다.

창극은 소리꾼 여러 명이 등장해 각자 역할을 나누어 노래하고 연기하면서 이야기를 이어 나가는 음악극입니다. 창극은 이야기의 진행에 맞는 무대 위에서 소리꾼들이 노래와 연기뿐 아니라 춤도 곁들여 보여 줍니다.

판소리는 소리꾼이 혼자서 여러 역할을 맡아 노래하지만, 창극은 소리꾼 여럿이 각자 역할에 맞는 노래를 부릅니다. 또 판소리에서는 고수 한 명의 북 **반주**에 맞춰 소리꾼이 노래하지만, 창극에서는 **관현악** 반주에 맞추어 여러 소리꾼이 노래를 부릅니다. 판소리가 극적인 성격을 강조한 '들을거리'라면, 창극은 '볼거리'와 '들을거리'가 함께 있는 종합 무대 예술입니다.

**뮤지컬** 등장인물이 노래하고 춤추면서 연기하는 연극. musical　**오페라** 대사를 노래로 부르면서 연기하는 연극. opera　**고수** 판소리를 공연할 때, 장단에 맞추어 북을 치는 사람. 鼓 북 고 手 사람 수　**소리꾼** 판소리나 민요 따위를 부르는 일을 직업으로 하는 사람.　**돋워** 감정이나 기운을 생겨나게 해.　**유네스코** 국제 연합 전문 기구의 하나. 교육, 과학, 문화 교류를 통해 나라들 사이에 이해를 깊게 하여 세계 평화에 이바지하려고 힘쓴다. UNESCO　**무형** 겉으로 드러나 보이는 형체가 없음. 無 없을 무 形 모양 형　**문화유산** 다음 세대에게 전할 만한 가치를 지닌 문화적 전통. 文 글 문 化 될 화 遺 남길 유 産 낳을 산　**반주** 노래나 연주를 도와주기 위하여 옆에서 다른 악기로 하는 연주. 伴 짝 반 奏 연주할 주　**관현악** 관악기, 현악기, 타악기 등으로 함께 연주하는 음악. 管 피리 관 絃 현악기 현 樂 음악 악

**1**

주제

무엇에 대해 쓴 글인가요?

① 서양의 음악극.

② 우리나라의 음악극.

③ 판소리 열두 마당.

④ 뮤지컬과 판소리의 공통점.

⑤ 뮤지컬과 오페라의 차이점.

**2**

내용
파악

이 글의 내용과 같지 <u>않은</u> 것을 고르세요.

① 창극은 소리꾼 한 명이 펼치는 음악극이다.

② 판소리와 창극은 우리나라 음악극이다.

③ 오페라와 뮤지컬은 서양의 음악극이다.

④ 음악극이란 음악이 곁들여진 연극이다.

⑤ 창극에는 '볼거리'와 '들을거리'가 함께 있다.

**3**

적용

다음 사진을 보고 판소리와 창극으로 나누어 쓰세요.

↑ (국립민속국악원 제공) ↑

(1) [                    ]  (2) [                    ]

**4** 판소리에 대한 설명입니다. 바르지 <u>않은</u> 것을 고르세요.

내용
파악

① 판소리는 원래 열두 마당이 있었다.

② 판소리에서 북을 치는 사람을 '고수'라고 한다.

③ 판소리는 유네스코 인류 무형 문화유산으로 지정되었다.

④ 판소리에서 소리꾼은 노래와 발림, 추임새로 이야기를 전달한다.

⑤ 〈춘향가〉, 〈심청가〉, 〈흥보가〉, 〈수궁가〉, 〈적벽가〉 등 다섯 마당이 전해지고 있다.

**5** 다음은 판소리의 구성 요소와 그 뜻입니다. 알맞게 짝지으세요.

내용
파악

(1) 소리 •                        • ㉠ 소리꾼이 말로 전하는 이야기.

(2) 아니리 •                      • ㉡ 소리꾼의 노래에 고수가 흥을 돋워 주는 말.

(3) 발림 •                        • ㉢ 소리꾼이 부르는 노래.

(4) 추임새 •                      • ㉣ 소리꾼의 춤이나 몸짓.

**6** 판소리와 창극의 차이점을 설명한 표입니다. 빈칸을 채우세요.

내용
파악

|  | 판소리 | 창극 |
|---|---|---|
| 소리꾼 | 한 명 | (1) (                ) 명 |
| 반주 | (2) (                ) 반주 | 관현악 반주 |
| 무대 장치 | 특별한 무대 장치가 없다. | (3) (                )의 진행에 맞는 무대 장치를 한다. |

## 어휘력 기르기

**1단계**  다음 낱말의 뜻을 찾아 선으로 이으세요.

(1) 소리꾼　●

(2) 고수　●

(3) 관현악　●

● ㉠ 관악기, 현악기, 타악기 등으로 함께 연주하는 음악.

● ㉡ 판소리를 공연할 때, 장단에 맞추어 북을 치는 사람.

● ㉢ 판소리나 민요 따위를 부르는 일을 직업으로 하는 사람.

**2단계**  위에서 배운 낱말을 빈칸에 넣어 문장을 완성하세요.

(1) 창극에는 [　　　　　　] 이 여러 명 등장한다.

(2) 창극에서 소리꾼은 [　　　　　　] 반주에 맞추어 노래하고 춤춘다.

(3) [　　　　　　] 는 북장단을 치며 "얼쑤!"와 같은 추임새를 넣었다.

**3단계**  설명을 읽고, 밑줄 친 낱말의 뜻을 찾아 번호를 쓰세요.

| 돋우다 | ① 입맛이 좋아지게 하다. |
| --- | --- |
| | ② 감정이나 기운을 생겨나게 하다. |

(1) 구수한 된장찌개가 입맛을 돋우었다.　　　　　　　　　　　　　( 　 )

(2) 풍물놀이는 농촌에서 일할 때나 명절에, 흥을 돋우려고 연주하는 음악이다.　( 　 )

우리는 ㉠ **문명**의 **이기**를 이용하며 옛날보다 훨씬 편하게 살고 있습니다. 그런데 그 이기인 컴퓨터, 선풍기, 자동차, 로봇 등을 작동하려면 **동력**이 필요합니다. 우리는 그 동력을 얻기 위해 석유, 석탄 같은 에너지 **자원**을 사용합니다. 하지만 에너지 자원의 양은 **한정되어** 있기 때문에 그것을 절약해야 합니다.

첫째, 전기를 아껴 씁니다. 아직은 석탄, 석유, 천연가스 등을 태워서 전기를 얻는 화력 발전이 전체 발전량의 반 이상을 담당하고 있습니다. 따라서 전기 제품을 쓰지 않을 때에는 **플러그**를 뽑아 놓고, 방에 아무도 없을 때에는 전등을 끄고, 에너지 **효율** 등급이 높은 전기 제품을 써야 합니다.

둘째, 개인 **승용차** 사용을 줄입니다. 우리는 아직 먼 곳에 갈 때 석유를 연료로 쓰는 탈것을 많이 이용합니다. 따라서 한두 명만 이동할 때에는 개인 승용차보다는 대중교통을 이용하고, 짧은 거리를 갈 때에는 자전거를 타거나 걸어 다니는 것이 에너지 자원을 아끼는 방법입니다.

셋째, 쓰레기를 최대한 재활용합니다. 우리가 사용하는 물건들은 모두 에너지 자원을 사용하여 만들어집니다. 에너지 자원을 재료로 쓰는 물건도 있고, 물건을 만드는 과정에서 에너지 자원이 쓰이기도 합니다. 따라서 **폐지**, **고철**, 캔, 플라스틱 등을 재활용하면 에너지 자원을 절약할 수 있습니다.

넷째, **고갈**되지 않는 에너지를 개발해야 합니다. **무한하여** 계속해서 사용할 수 있는 에너지를 재생 에너지라고 합니다. 태양이나 물, 바람 등이 여기에 속합니다. 재생 에너지는 자원이 무한하고, 환경을 오염하지 않는 장점이 있습니다. 따라서 재생 에너지를 사용하면 그만큼 석유와 석탄 같은 에너지 자원을 덜 사용할 수 있습니다.

오늘날 사람들이 쓰고 있는 석유와 석탄은 얼마 지나지 않아 고갈될 것입니다. ㉡ **화석 연료**는 환경을 오염하는 단점이 있지만 지금 단계에서 아예 사용하지 않을 수는 없습니다. 그러므로 화석 연료 사용량을 줄여서, 에너지 자원을 오랫동안 사용하고 환경 오염도 감소하려 노력해야 합니다.

**문명** 인간이 만든 물질적, 기술적, 사회적 발전. 文 글 문 明 밝을 명　**이기** 생활을 편리하게 하는 기구나 기계. 利 이로울 이 器 도구 기　**동력** 전기, 물, 바람 등의 에너지를 기계적 에너지로 바꾼 힘. 動 움직일 동 力 힘 력　**자원** 인간 생활이나 물건 생산에 이용되는 원료. 資 재료 자 源 근원 원　**한정되어** 수량이나 범위 등이 정해져. 限 한정할 한 定 정할 정　**플러그** 전기를 쉽게 공급받거나 차단하는 데에 사용하기 위하여 전선 끝에 붙이는 기구. plug　**효율** 들인 힘과 노력에 대해 실제로 얻은 효과의 정도를 나타낸 것. 效 나타낼 효 率 비율 율　**승용차** 사람이 타고 다니는 데에 쓰는 자동차. 乘 탈 승 用 쓸 용 車 차 차　**폐지** 쓰고 버린 종이. 廢 버릴 폐 紙 종이 지　**고철** 아주 낡고 오래된 쇠. 古 오래될 고 鐵 쇠 철　**고갈** 돈이나 재료, 인력 등이 다하여 없어짐. 枯 마를 고 渴 마를 갈　**무한하여** 수, 양 등에 한계가 없어. 無 없을 무 限 한정할 한　**화석 연료** 옛날에 땅속에 묻힌 생물이 굳어져 오늘날 연료로 이용하는 물질. 化 될 화 石 돌 석 燃 탈 연 料 재료 료

---

**1** 이 글의 중심 생각은 무엇인가요?

주제

① 재생 에너지를 개발하자.　　　　② 쓰레기를 재활용하자.

③ 짧은 거리는 걸어 다니자.　　　　④ 에너지 자원을 절약하자.

⑤ 새로운 화석 연료를 개발하자.

**2** 화석 연료를 태워서 전기를 얻는 방식은 무엇인가요?

내용
파악

　　　□□ 발전

**3** 다음 중 이 글의 내용과 <u>다른</u> 것을 고르세요.

내용
파악

① 전기를 아끼려면 전기 제품을 쓰지 않을 때에는 플러그를 뽑아 놓아야 한다.

② 대중교통보다 개인 승용차를 많이 이용하면 에너지 자원을 절약할 수 있다.

③ 학용품이나 옷, 신발 등을 만들 때에도 에너지 자원이 쓰인다.

④ 화석 연료를 사용하면 환경이 오염된다.

⑤ 우리가 사용하는 에너지 자원의 양은 한정 되어 있다.

**4** 다음 중 재생 에너지를 이용한 발전 방식이 <u>아닌</u> 것을 찾으세요.

배경
지식

① 태양열 발전           ② 수력 발전           ③ 조력 발전

④ 풍력 발전           ⑤ 원자력 발전


**5** 다음 중 재생 에너지의 장점 <u>두 개</u>를 고르세요.

내용
파악

① 자원이 무한하다.           ② 언제든 사용할 수 있다.

③ 환경을 오염하지 않는다.           ④ 화석 연료를 사용한다.

⑤ 가볍다.


**6** 다음 중 ㉠이 <u>아닌</u> 것을 고르세요.

추론

① 더운 날씨를 시원하게 지낼 수 있게 하는 에어컨.

② 음식을 오래 보관할 수 있게 하는 냉장고.

③ 빨래를 편하게 할 수 있는 세탁기.

④ 망치가 없어 못을 박기 위해 사용한 돌멩이.

⑤ 사람들에게 전화도 하고 모르는 것을 검색할 수 있는 휴대 전화기.


**7** 다음 중 에너지 자원 절약 방법을 <u>잘못</u> 이해한 친구를 고르세요.

적용

① 대윤: 귀찮더라도 플라스틱이나 고철, 캔 등을 철저하게 분류해서 배출해야지.

② 주태: 컴퓨터를 오래 사용하지 않을 때에는 꺼 두는 것이 좋겠어.

③ 상민: 전기 제품은 에너지 효율 등급이 낮은 것을 사야 해.

④ 영은: 세탁기를 사용할 때에는 세탁물을 적당히 모아서 빨아야겠어.

⑤ 혜연: 내일은 지하철을 타고 할머니 댁에 가자고 아버지께 말씀드렸어.

## 어휘력 기르기

**1단계**  다음 낱말의 뜻을 찾아 선으로 이으세요.

(1) 문명 ●　　　　　　　　　● ㉠ 쓰고 버린 종이.

(2) 폐지 ●　　　　　　　　　● ㉡ 인간이 만든 물질적, 기술적, 사회적 발전.

(3) 효율 ●　　　　　　　　　● ㉢ 들인 힘과 노력에 대해 실제로 얻은 효과의
　　　　　　　　　　　　　　　　정도를 나타낸 것.

**2단계**  다음 문장의 빈칸에 알맞은 낱말을 위에서 찾아 쓰세요.

(1) 어머니는 전기 제품을 사실 때 에너지 [　　　　　] 등급을 확인하신다.

(2) 이 공장에서는 [　　　　　] 를 재활용하여 휴지를 만들고 있다.

(3) 과학의 발전이 [　　　　　] 의 발달을 이끌고 있다.

**3단계**  다음 뜻에 알맞은 낱말을 빈칸에 넣어 십자말풀이를 하세요.

(1) 인간 생활이나 물건 생산에 이용되는 원료.

(2) 강이나 바다의 바닥에서 오랫동안 갈리고 물에 씻겨
　　반질반질하게 된 작은 돌.

(3) 돈이나 재료, 인력 등이 다하여 없어짐.

(4) 아주 낡고 오래된 쇠.

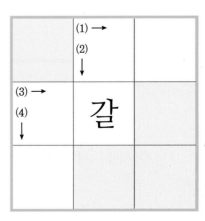

## 종달새

정지용

**삼동내** - 얼었다 나온 나를
종달새 지리 지리 지리리……

왜 저리 놀려 대누.

어머니 없이 자란 나를
종달새 지리 지리 지리리……

왜 저리 놀려 대누.

**해바른** 봄날 **한종일** 두고
**모래톱**에서 나 홀로 놀자.

**삼동내** 추운 겨울 석 달 내내. 三 석 삼 冬 겨울 동    **해바른** 땅에 햇볕이 잘 드는. '양지바른'의 비표준어.
**한종일** 해가 질 때까지. 限 한정할 한 終 끝낼 종 日 해 일    **모래톱** 강가나 바닷가에 있는 넓고 큰 모래벌판.

---

**1** 이 시에 나타난 계절은 언제인가요?

배경

**2** 이 시의 중심 생각은 무엇인가요?

① 햇볕이 잘 드는 봄날 종달새와 놀고 싶다.

② 종달새처럼 하늘을 자유롭게 날고 싶다.

③ 봄이 되어 종달새가 다시 찾아오니 기쁘다.

④ 나무 위에서 나를 놀리는 종달새를 잡고 싶다.

⑤ 어머니 없이 자란 나를 놀리는 종달새 때문에 더 쓸쓸하다.


**3** 이 시에 대해 잘못 이야기한 것을 고르세요.

① 말하는 이는 어린아이이다.

② 반복되는 표현이 나온다.

③ 흉내 내는 말을 사용하여 즐거운 마음을 나타냈다.

④ 말하는 이에게는 어머니가 안 계시다.

⑤ 말하는 이는 종달새가 자신을 놀린다고 생각한다.

**4** 이 시에서 말하는 이는 무엇을 하고 있나요?

① 종달새와 함께 놀고 있다.

② 종달새를 잡기 위해 숨어 있다.

③ 종달새와 어머니를 기다리고 있다.

④ 혼자 놀면서 종달새 소리를 듣고 있다.

⑤ 숲속에서 종달새에게 말을 걸고 있다.

**5** 이 시의 느낌을 가장 잘 나타낸 사람은 누구인가요?

감상

① 다혜: 어머니도, 친구도 없이 혼자 노는 아이가 가여워.

② 준원: 엄마 없는 아이라고 놀리는 참새에게 화가 나.

③ 세은: 추운 겨울 살 곳을 찾아 떠도는 종달새가 불쌍해.

④ 승훈: 종달새와 친구처럼 지내는 모습이 다정하게 느껴져.

⑤ 효준: 햇볕이 잘 드는 숲에서 지저귀는 종달새가 즐겁게 느껴져.


**6** 이 시를 낭송할 때 어떤 목소리가 어울릴지 고르세요.

감상

① 신나는 목소리　　　② 쓸쓸한 목소리　　　③ 씩씩한 목소리

④ 다정한 목소리　　　⑤ 얄미운 목소리


**7** 이 시를 일기로 바꾸어 썼습니다. 빈칸에 들어갈 낱말을 쓰세요.

내용
파악

---

종달새

3월 15일 수요일 맑음

　　추위가 풀리고 종달새가 지저귀는 따뜻한 봄이 되었다. 추워서 집에만 있다가 모처럼 밖으로 나와 하늘을 올려다보았다. (1) ☐ 가 "지리 지리 지리리" 울면서 날고 있었다. 그런데 그 소리가 (2) ☐ 없이 자랐다고 나를 놀리는 것만 같았다. 무척 슬펐다. 햇볕 따뜻한 봄날, 친구도 없이 (3) ☐ 에서 하루 내내 홀로 놀았다.

---

**1단계**    다음 낱말들의 뜻을 찾아 선으로 이으세요.

(1) 한종일 ●

(2) 모래톱 ●

● ㉠ 해가 질 때까지.

● ㉡ 강가나 바닷가에 있는 넓고 큰 모래벌판.

**2단계**    위에서 배운 낱말을 빈칸에 넣어 문장을 완성하세요.

(1) 나는 동생과 함께 바닷가 [           ] 을 맨발로 걸었다.

(2) 중희는 도서관에서 [           ] 책을 읽었다.

**3단계**    아래 한자를 보고, 뜻풀이에 알맞은 낱말을 만드세요.

| 三 석 삼 | + | 春 봄 춘 | 夏 여름 하 | 秋 가을 추 | 冬 겨울 동 |

삼 춘 : 봄 석 달        (1) [ ][ ] : 여름 석 달

(2) [ ][ ] : 가을 석 달        (3) [ ][ ] : 겨울 석 달

옛날 어느 마을에 영감이 살고 있었습니다. 영감은 부자였지만, **인정**이라고는 조금도 없는 **구두쇠**였습니다. 영감네 집 앞에는 아주 오래된 느티나무가 있었습니다. 그 나무가 얼마나 큰지 그늘이 길고 넉넉했습니다.

어느 여름날, 영감은 시원한 느티나무 그늘에 누워서 낮잠을 자고 있었습니다. 그곳을 지나가던 젊은 총각이 그 모습을 보고 그 옆에 따라 누웠습니다. 총각은 피곤했던 나머지 드르렁드르렁 코를 골기 시작했습니다. 그 소리에 **화들짝** 놀라 잠에서 깬 영감은 화가 머리끝까지 났습니다. 영감은 총각을 흔들어 깨운 뒤, **버럭버럭** 소리를 질렀습니다.

"이 나무는 우리 할아버지의 할아버지께서 심으신 것이네. 남의 나무 그늘에서 함부로 자면 안 되지. 썩 꺼지게."

그늘에서 쫓겨난 총각은 꾀를 내어 영감을 혼내주기로 결심했습니다. 총각은 영감에게 다섯 **냥**을 줄 테니 이 그늘을 자신에게 팔라고 하였습니다. 영감은 속으로 좋아하면서 **못 이기는 척** 총각에게 그늘을 팔았습니다.

늦은 오후가 되자, 해가 서쪽으로 기울었습니다. 나무 그늘은 점차 늘어져 영감네 집 마당까지 옮겨 갔습니다. 시간이 지날수록 그늘은 더 길어져 곧 영감네 집 전체를 덮어 버렸습니다. 총각은 콧노래를 **흥얼거리며** 영감네 마당에 누웠습니다. 시간이 조금 더 흘러, 총각은 영감네 마루는 물론이거니와 안방에도 들어가서 이리저리 뒹굴면서 마치 자기 집처럼 지냈습니다. 그러나 영감은 총각에게 돈을 받고 그늘을 팔았기 때문에 아무 말도 할 수 없었습니다.

총각은 다음 날부터 매일 영감네 집을 자기 집처럼 드나들었습니다. 마을 사람들을 초대하여 잔치를 벌이기도 했습니다. 영감은 ㉠ 자신이 했던 일을 크게 후회하며 총각에게 제발 집에서 나가달라고 **애걸복걸**했습니다. 총각이 거절하자 영감은 마지막 방법으로 그늘을 다시 사겠다고 했습니다. 그러자 총각은 오천 냥에 그늘을 팔겠다고 했습니다. 영감은 그 가격을 듣고 깜짝 놀랐습니다. 마을 사람들은 ㉡ 욕심을 부려 남을 쫓으려다가 반대로 **된통** 당하게 된 영감을 놀려 대기 시작했습니다.

영감과 그 식구들은 어쩔 수 없이 짐을 싸서 집을 버리고 떠날 수밖에 없었습니다. 총각은 그 집을 마을 사람들이 모두 쉴 수 있는 곳으로 만들어, 오래도록 잘 먹고 잘 살았습니다.

- 전래 동화

**인정** 남의 어려운 처지를 자기 일처럼 가엾게 여기는 따뜻한 마음. 人 사람 인 情 사랑 정　**구두쇠** 돈이나 재물 등을 지나치게 아끼는 사람.　**화들짝** 야단스럽게 펄쩍 뛸 듯이 놀라는 모양.　**버럭버럭** 화가 나서 소리를 냅다 지르는 모양.　**냥** 예전에, 돈을 세던 단위. 兩 냥(돈의 단위) 냥　**못 이기는 척** 마음이 내키지는 않지만 어쩔 수 없다는 듯이.　**흥얼거리며** 신이 나서 계속 입 속으로 노래를 부르며.　**애걸복걸** 소원 등을 들어 달라고 애처롭고 간절하게 부탁함. 哀 가여울 애 乞 빌 걸 伏 엎드릴 복 乞 빌 걸　**된통** 아주 몹시.

---

**1**

제목

빈칸에 알맞은 낱말을 넣어 이 글의 제목을 완성하세요.

☐☐을 산 총각

**2**

줄거리

다음을 읽고 글의 줄거리 순서에 맞게 빈칸에 번호를 쓰세요.

> ① 총각은 영감이 그늘에서 낮잠 자는 모습을 보고 따라 누워 코를 골며 잤다.
> ② 총각은 영감에게 다섯 냥을 주고 그늘을 샀다.
> ③ 영감이 그늘을 다시 사려고 하자 총각은 오천 냥을 달라고 했다.
> ④ 그늘이 영감네 집까지 옮겨 가자 총각은 영감네 집에서 자기 집처럼 지냈다.
> ⑤ 영감은 화를 내며 총각을 나무 그늘에서 쫓아냈다.
> ⑥ 영감은 집을 버리고 떠났고, 총각은 그곳을 마을 사람들이 모두 쉴 수 있는 곳으로 만들었다.

① → ☐ → ☐ → ☐ → ☐ → ⑥

**3** 이 글에 등장하는 영감의 성격으로 알맞은 것을 고르세요.

인물

① 정이 많고 착하다.　　　　② 겁이 많고 소심하다.　　　　③ 똑똑하고 눈치가 빠르다.

④ 논리적이고 신중하다.　　　⑤ 욕심이 많고 이기적이다.


**4** ㉠은 무엇을 말하는지 고르세요.

내용
파악

① 총각에게 돈을 받고 그늘을 판 일.

② 총각에게 나무 그늘에서 낮잠을 자라고 한 일.

③ 총각이 자기 집으로 들어올 때 막지 못한 일.

④ 잠을 자던 총각을 깨워서 집으로 데려온 일.

⑤ 집 앞에 있는 오래된 나무를 진작에 없애지 않은 일.


**5** ㉡ 상황에 가장 적절한 속담을 고르세요.

배경
지식

① 소 잃고 외양간 고친다

② 제 꾀에 제가 넘어간다

③ 바늘 도둑이 소도둑 된다

④ 믿는 도끼에 발등 찍힌다

⑤ 말 한마디에 천 냥 빚도 갚는다


**6** 이 글이 주는 교훈으로 알맞은 것을 고르세요.

주제

① 자연을 보호하자.

② 부모님의 말씀을 잘 듣자.

③ 약속 시간을 잘 지키자.

④ 남과 함께 어울려 살자.

⑤ 포기하지 말고 끝까지 노력하자.

**1단계**    다음 낱말들의 뜻을 바르게 이으세요.

(1) 화들짝   •

(2) 버럭버럭   •

(3) 애걸복걸   •

• ㉠ 소원 등을 들어 달라고 애처롭고 간절하게 부탁함.

• ㉡ 야단스럽게 펄쩍 뛸 듯이 놀라는 모양.

• ㉢ 화가 나서 소리를 냅다 지르는 모양.

**2단계**    다음 문장의 빈칸에 알맞은 낱말을 위에서 찾아 쓰세요.

(1) 아이는 천둥소리에 [         ] 놀랐다.

(2) 영훈이는 아버지께 [         ] 한 끝에 새 컴퓨터를 받았다.

(3) 그는 평소답지 않게 사소한 일에도 화를 [         ] 냈다.

**3단계**    다음 설명을 읽고 밑줄 친 부분의 알맞은 뜻을 고르세요.

> 인정   ⋮   ① 남의 어려운 처지를 자기 일처럼 가엾게 여기는 따뜻한 마음.
>
>           ⋮   ② 확실히 그렇다고 여김.

(1) 그가 성실하다는 사실 만큼은 인정해 주고 싶다.           (      )

(2) 그는 인정이라곤 눈곱만큼도 없는 차가운 사람이다.        (      )

7주
35회

우리는 **재화**를 사고팔 때 그 재화의 가격만큼 돈을 주고받습니다. 가격은 재화가 가지고 있는 가치를 금액으로 나타낸 것입니다. 그런데 가격은 재화에만 있는 것이 아닙니다. 미용사가 머리를 자르거나 가수가 노래를 부르는 것처럼 사람들에게 만족을 주는 서비스에도 가격이 있습니다. 서비스란 생산된 재화를 운반·유통·판매하는 일, 그리고 생산자와 소비자에게 육체적·정신적 노동을 제공하는 일을 말합니다.

그런데 가격은 **고정되어** 있지 않습니다. 가격은 대상에 대한 수요와 공급에 따라 결정됩니다. 수요란 사람들이 필요한 것을 일정한 가격에 사려는 **욕구**입니다. **소비자**는 재화나 서비스를 낮은 가격에 사고 싶어합니다. 사려는 대상을 **생산자**가 너무 비싸게 팔려고 하면, 당연히 소비자는 그것을 사지 않습니다.

공급은 사람들에게 필요한 것을 일정한 가격에 팔려는 욕구입니다. 생산자는 **이윤**을 남기기 위해 높은 가격에 팔고 싶어합니다. 따라서 소비자가 대상을 너무 싸게 사려고 하면 생산자는 그것을 팔지 않습니다.

어떤 재화나 서비스에 수요가 몰리면 생산자가 가격을 올려도 소비자는 그것을 구매하려 합니다. 수요는 그대로인데 판매할 재화나 서비스의 공급이 줄어드는 경우도 마찬가지입니다. 두 경우 모두 소비자들은 그 재화나 서비스를 갖기 위해서 경쟁하는데, 그러면 자연스럽게 가격은 오릅니다.

반대로, 어떤 재화나 서비스에 대한 수요가 줄어들면, 재화는 남게 되고 서비스직에 일하는 사람들은 할 일이 없어집니다. 또 수요는 그대로인데 판매할 재화나 서비스가 늘어날 때도 마찬가지입니다. 생산자들 사이에 경쟁이 생겨 가격은 내려가게 됩니다.

예를 들어, 날씨가 더우면 선풍기의 수요가 많아져서 가격이 상승합니다. 선풍기를 팔려는 사람들에 비해 그것을 사려는 사람들이 많기 때문입니다. 반대로, 날씨가 선선해서 선풍기의 수요가 줄어들면 가격은 하락합니다. 선풍기를 사려는 사람들은 적은데 그것을 팔려는 사람들은 많기 때문입니다.

가격은 수요가 공급보다 많을 때 상승하고, 공급이 수요보다 많을 때에는 하락합니다. 이처럼 재화나 서비스의 가격은 계속 변화하다가 수요와 공급이 서로 일치할 때 결정되는데, 이런 원칙을 '수요와 공급의 **법칙**'이라고 합니다.

**재화** 사람이 바라는 바를 충족시켜 주는 모든 물건. 財 재물 재 貨 재물 화　**고정되어** 한번 정한 대로 변경되지 아니하여. 固 굳을 고 定 정할 정　**욕구** 무엇을 얻거나 무슨 일을 하고자 바라는 일. 欲 바랄 욕 求 바랄 구　**소비자** 재화를 사거나 쓰는 사람. 消 사라질 소 費 쓸 비 者 사람 자　**생산자** 재화를 생산하는 사람. 生 만들 생 産 생산할 산 者 사람 자　**이윤** 장사 등을 하여 남은 돈. 利 이익 이 潤 이득 윤　**법칙** 모든 현상들의 원인과 결과, 사물과 사물 사이에 있는 규칙. 法 법 법 則 법칙 칙

---

**1** 이 글의 중심 낱말은 무엇인가요?

핵심어

① 서비스　　　　　② 가격　　　　　③ 수요

④ 공급　　　　　⑤ 이윤

**2** 다음 중 서비스에 해당하는 것에는 ○표, 아닌 것에는 X표 하세요.

적용

(1) 미용실에서 미용사가 머리를 자르는 일.　　　　　　　　　( 　　 )

(2) 문구점에 가서 수업에 필요한 준비물을 사는 일.　　　　　( 　　 )

(3) 기업이 옷을 만드는 일.　　　　　　　　　　　　　　　( 　　 )

(4) 의사가 병원에서 환자를 진료하는 일.　　　　　　　　　( 　　 )

(5) 수학 학원에서 학원 강사가 학생에게 수학을 가르치는 일.　( 　　 )

**3** 이 글의 내용으로 옳은 것을 고르세요.

내용 파악

① 가격은 항상 고정되어 있다.

② 소비자는 재화나 서비스를 높은 가격에 사고 싶어한다.

③ 소비자가 재화나 서비스를 갖기 위해 경쟁하면 가격은 내려간다.

④ 생산자는 이윤을 남기기 위해 되도록 싸게 팔려고 한다.

⑤ 수요와 공급이 일치할 때 가격이 결정되는 원칙을 '수요와 공급의 법칙'이라고 한다.

**4** 다음 중 재화의 가격이 상승할 수 있는 상황을 고르세요.

적용

① 한 건물에 떡볶이를 파는 가게가 세 곳이나 새로 생겼다.

② 과학 기술의 발달로 종이 달력을 사는 사람이 줄었다.

③ 씨 없는 포도가 유명해져서 즐겨 먹는 사람이 많아졌다.

④ 비닐하우스 시설이 늘어나 딸기의 생산이 증가했다.

⑤ 바닷물이 따뜻해져서 작년보다 오징어가 많이 잡혔다.

**5** 다음 중 재화의 가격이 하락할 수 있는 상황을 고르세요.

적용

① 시장에 있던 빵집 두 곳이 문을 닫았다.

② 오랜 가뭄 때문에 전국적으로 배추 농사가 잘되지 않았다.

③ 외국에서 수입하여 들어오는 바나나의 양이 줄어들었다.

④ 황사 현상이 자주 나타나서 마스크를 사려는 사람이 많아졌다.

⑤ 겨울인데도 기온이 높아서 장갑을 사는 사람이 줄었다.

**6** 다음 글을 읽고 빈칸에 알맞은 낱말을 골라 쓰세요.

요약

수요    공급    상승    하락    소비자    생산자

재화나 서비스의 (1) ☐☐ 가 (2) ☐☐ 보다 많으면 가격은 상승한다.

재화나 서비스가 부족해서 소비자들의 경쟁이 생기기 때문이다. 반대로, 공급이 수요보다 많

으면 가격은 (3) ☐☐ 한다. 재화나 서비스가 남아서 (4) ☐☐☐ 들

의 경쟁이 생기기 때문이다.

**1단계**    다음 낱말들의 뜻을 바르게 이으세요.

(1) 재화 •

(2) 욕구 •

(3) 이윤 •

• ㉠ 무엇을 얻거나 무슨 일을 하고자 바라는 일.

• ㉡ 사람이 바라는 바를 충족시켜 주는 모든 물건.

• ㉢ 장사 등을 하여 남은 돈.

**2단계**    위에서 배운 낱말을 빈칸에 넣어 문장을 완성하세요.

(1) 생산자는 ⬚ 을 최대한 많이 남기기 위해 노력한다.

(2) 세계 각 나라는 무역을 통해 서로 ⬚ 를 교환한다.

(3) 그 광고는 소비자들의 구매 ⬚ 를 불러일으켰다.

**3단계**    다음 설명을 읽고 밑줄 친 부분의 알맞은 뜻을 고르세요.

| 서비스 | ① 생산된 재화를 운반, 유통, 판매하거나 생산자와 소비자에게 육체적, 정신적 노동을 제공하는 일. <br> ② 장사에서, 값을 깎아 주거나 덤을 붙여 줌. <br> * 덤 제 값어치의 물건 외에 조금 더 얹어 주는 물건. |
|---|---|

(1) 재화뿐 아니라 서비스를 제공하는 일도 '공급'이다.       (       )

(2) 컴퓨터를 새로 샀더니 서비스로 의자를 주었다.       (       )

우리는 물이 없으면 살아갈 수 없습니다. 물로 수분을 보충하고 음식을 만들며, 몸을 씻고 빨래를 합니다. 농사를 짓고 공장에서 물건을 만드는 데에도 물이 필요합니다. 그런데 지구에는 쓸 물이 부족한 나라가 많습니다. 그래서 사람들은 물 부족 문제를 해결하기 위한 방법을 논의하고 있습니다.

물을 아껴 쓰는 것이 물 부족 문제 해결의 가장 쉬운 방법입니다. 불필요한 사용을 없애고, 사용한 물을 **재사용**하면 물을 절약할 수 있습니다. 물을 재사용하는 대표 시설이 '중수도'입니다. 한 번 사용한 물을 **정화하여** 다시 쓰는 방식입니다. 이 물은 화장실 **용변** 처리, 청소, **세차**, 소방, **조경** 등에 쓰입니다.

빗물이나 **용출수**를 저장해서 사용하는 방법도 있습니다. 우리나라는 여름에 비가 집중적으로 내립니다. 이때 내리는 양이 너무 많아 빗물이 제대로 쓰이지 못하고 거의 다 바다로 흘러갑니다. 또 터널이나 지하철 철로 주변에서 나오는 용출수도 버려지는 양이 많습니다. 현재도 ㉠ 이런 물을 이용하고는 있지만 더 많이 저장하고 사용하기 위해 방법을 찾고 있습니다.

강물을 이용하기도 합니다. **하천**의 모래에 의해 자연스럽게 **이물질**이 걸러진 물을 사용하는 방식입니다. 이렇게 얻은 물을 '강변여과수'라고 합니다.

지하에 댐을 지어 지하수를 이용할 수도 있습니다. 지하댐은 지하수가 바다로 흘러가지 않게 하여, 바닷물과 섞이는 현상을 막습니다. 이렇게 땅속에 저장된 물을 사용할 수 있습니다.

**강수량**이 적은 나라에서는 바닷물을 이용하기도 합니다. 이 방법을 '해수 **담수화**'라고 합니다. 해수 담수화 가운데, 바닷물을 퍼 올린 뒤 끓여서 순수한 물을 받아 내는 방법이 있습니다. 하지만 이 방식은 물을 끓이는 데에 석유 같은 화석 연료가 듭니다. **화석 연료**는 비싸고, 사용하면 환경 오염 물질이 나오기 때문에 이 방식을 쓰지 않는 나라도 있습니다. 그런 나라에서는 바닷물을 **거름** 장치에 통과시켜 순수한 물을 얻습니다.

가뭄이 지속되면 **인공 강우**를 활용할 수도 있습니다. 구름 속 작은 물방울이 빗방울이 되도록, 구름에 '비 씨앗'을 뿌려 비를 내리게 하는 방법입니다. 하지만 수증기를 포함한 구름이 있어야만 비를 내리게 할 수 있습니다.

**재사용** 이미 사용한 물건을 다시 씀. 再 다시 재 使 쓸 사 用 쓸 용　　**정화하여** 더러운 것을 깨끗하게 하여. 淨 깨끗할 정 化 될 화　　**용변** 대변과 소변을 아울러 이르는 말. 用 쓸 용 便 똥오줌 변　　**세차** 차에 묻은 먼지나 흙 등을 씻는 일. 洗 씻을 세 車 차 차　　**조경** (꽃이나 나무를 가꾸어) 경치를 아름답게 꾸밈. 造 만들 조 景 경치 경　　**용출수** 땅 위로 솟아 나오는 지하수. 涌 물 솟을 용 出 날 출 水 물 수　　**하천** 강과 시내를 아울러 이르는 말. 河 강 하 川 시내 천　　**이물질** 순수한 물질 외의 다른 물질. 異 다를 이 物 물건 물 質 성질 질　　**강수량** 비, 눈, 우박 등이 일정 기간에 일정한 곳에 내린 양. 降 내릴 강 水 물 수 量 양 량　　**담수** 강이나 호수와 같이 소금기가 없는 물. 淡 맑을 담 水 물 수　　**화석 연료** 아주 먼 옛날에 살던 생물이 땅속에 묻힌 뒤 굳어져 오늘날 연료로 쓰이는 물질. 化 될 화 石 돌 석 燃 탈 연 料 재료 료　　**거름** 찌꺼기나 건더기가 있는 액체에서 액체만 받아냄.　　**인공 강우** 사람의 힘으로 비가 내리게 하는 일. 人 사람 인 工 일 공 降 내릴 강 雨 비 우

---

**1** 이 글의 제목으로 가장 어울리는 것을 고르세요.

제목

① 물의 쓰임　　　　　　　② 물 부족의 심각성

③ 물 부족 해결 방법　　　④ 지하수의 중요성

⑤ 강수량을 늘리는 방법

**2** 다음 중 지하댐을 지었을 때 생길 수 있는 문제점을 찾으세요.

추론

① 토양 오염이 생기면 지하수도 오염될 수 있다.

② 바닷물이 오염되면 지하수도 오염될 수 있다.

③ 비가 많이 내리면 지하수의 양이 줄어든다.

④ 바닷물의 양이 늘어난다.

⑤ 강의 모래가 늘어난다.

**3** ㉠은 어떤 물인가요? 두 가지를 고르세요.

내용
파악

① 빗물　　　　　　② 바닷물　　　　　　③ 강물

④ 용출수　　　　　⑤ 흙탕물

**4**

내용 파악

다음 중 중수도의 쓰임이 <u>아닌</u> 것을 찾으세요.

① 청소      ② 요리      ③ 소방

④ 세차      ⑤ 화장실 용변 처리


**5**

내용 파악

다음 중 이 글에 물 부족을 해결하기 위한 방법으로 담기지 <u>않은</u> 것은 무엇인가요?

① 용출수 사용      ② 해수 담수화      ③ 인공 강우

④ 지하댐      ⑤ 상수도


**6**

배경 지식

다음 중 우리가 생활 속에서 물을 절약할 수 있는 방법이 <u>아닌</u> 것을 찾으세요.

① 목욕 시간을 줄이고, 몸을 씻을 때에 불필요하게 물이 버려지지 않도록 조심한다.

② 이를 닦을 때에 잔에 물을 받아 쓴다.

③ 변기의 물통에 물병을 넣어 물 사용량을 줄인다.

④ 물을 적게 마신다.

⑤ 빨랫감을 적당히 모아 세탁한다.


**7**

적용

다음 그림에서 설명하는 물 부족 해결 방법은 무엇인가요?

① 중수도

② 용출수

③ 강변여과수

④ 해수 담수화

⑤ 인공 강우

## 어휘력 기르기

**1단계** 다음 낱말의 뜻을 찾아 선으로 이으세요.

(1) 세차　●　　　　　　　　●　㉠ 차에 묻은 먼지나 흙 등을 씻는 일.

(2) 조경　●　　　　　　　　●　㉡ 강과 시내를 아울러 이르는 말.

(3) 하천　●　　　　　　　　●　㉢ 경치를 아름답게 꾸밈.

**2단계** 위에서 배운 낱말을 빈칸에 넣어 문장을 완성하세요.

(1) 이 공원은 [　　　　　　　] 이 무척 잘 되어 있어서 우리 식구가 자주 찾는다.

(2) 물이 매우 맑아서 이 [　　　　　　　] 에는 물고기가 많이 산다.

(3) 아버지께서 차가 너무 더럽다며 [　　　　　　　] 를 하러 가셨다.

**3단계** 다음 뜻에 알맞은 낱말을 빈칸에 넣어 십자말풀이를 하세요.

(1) 강이나 호수와 같이 소금기가 없는 물.

(2) 땅 위로 솟아 나오는 지하수.

(3) 대변과 소변을 아울러 이르는 말.

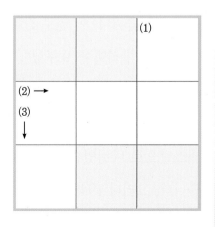

간디는 1869년에 인도에서 태어났습니다. 당시 인도는 영국의 지배를 받고 있었습니다. 하지만 부유한 집안의 막내아들이었던 간디는 부족함 없이 성장하였습니다.

간디는 열아홉 살에 영국으로 건너가 법을 공부한 지 3년 만에 변호사가 되었습니다. 그리고 얼마 뒤, 남아프리카의 한 회사에서 일하게 되어 다시 인도를 떠나게 되었습니다.

당시 남아프리카를 다스리던 백인들은 원주민인 흑인들과 그곳에 살던 수많은 인도인을 차별했습니다. 인도인은 정치나 선거에 참여할 수 없고, **공용** 도로도 걸을 수 없었습니다. 간디는 **인종 차별**을 없애고, 인도인의 자유를 찾는 일에 앞장섰습니다. 인도인의 권리를 찾기 위해 대중 연설을 하고, **탄원서**도 보냈습니다. 또 수천 명과 평화적으로 행진하며 불평등에 **저항**했습니다. 폭력을 사용하지 않는, 간디의 평화적 저항 운동을 '사탸그라하(**비폭력 불복종 운동**)'라고 합니다. 이 비폭력 불복종 운동이 전 세계에 알려지며, 마침내 인도인에 대한 차별법이 **폐지**되었습니다.

1914년, 간디는 인도로 돌아왔습니다. 그리고 인도의 독립을 위해서도 비폭력 불복종 운동을 이어나갔습니다. 간디는 영국 회사에서 일하지 말고, 영국 물건이 아닌 **국산품**을 쓰자고 강조했습니다. 간디도 직접 **물레**로 실을 뽑아 천을 만들고, 그 천으로 옷을 지어 입었습니다. 또 인도에서의 소금 생산을 금지하고, 영국의 비싼 소금만 수입해 먹도록 하는 소금법에 반대해 '소금 행진'을 했습니다. 해안까지 가는 25일 동안 많은 사람이 간디와 함께했습니다. 해안에 도착한 간디는 바닷물을 끓여 소금을 만들어 먹었습니다. 이 일로 간디는 체포되었습니다. 하지만 세계 각국에서 간디의 **석방**을 요구했습니다. 결국 영국은 간디를 풀어주고, 인도인들이 소금을 만들어 먹을 수 있게 했습니다.

1947년 8월, 마침내 인도는 **독립**하였습니다. 하지만 **힌두교**를 믿는 인도와 **이슬람교**를 믿는 파키스탄으로 나뉘었습니다. 간디는 나라의 분단을 막고자 두 종교가 화합하는 데에 온 힘을 기울였습니다. 그러나 1948년에 힌두교를 믿는 한 청년이 쏜 총을 맞고 간디는 숨을 거두었습니다.

**공용** 여럿이 함께 씀. 共 함께 공 用 쓸 용    **인종 차별** 사람을 인종(피부색 등으로 나눈 사람의 종류)에 따라 높게 또는 낮게 대우하는 것. 人 사람 인 種 종족 종 差 다를 차 別 나눌 별    **탄원서** 사정을 설명하여 도와주기를 바라는 내용을 담은 글이나 문서. 歎 탄식할 탄 願 바랄 원 書 글 서    **저항** 어떤 힘에 굽히지 않고 맞섬. 抵 거스를 저 抗 겨룰 항    **비폭력** 폭력을 사용하지 않음. 非 아닐 비 暴 사나울 폭 力 힘 력    **불복종 운동** 법이나 정부의 권력 행사 등이 부당하다고 판단될 때, 자신의 불이익을 감수하면서 법을 어기는 행동을 하여 국가 권력에 저항하는 운동. 不 아닐 불 服 따를 복 從 따를 종 運 옮길 운 動 움직일 동    **폐지** 실시하여 오던 제도나 법규, 일 등을 그만두거나 없앰. 廢 버릴 폐 止 그만둘 지    **국산품** 자기 나라에서 만든 물건. 國 나라 국 産 생산할 산 品 물건 품    **물레** 솜이나 털 같은 것에서 실을 뽑는 기구.    **석방** 구속된 사람을 풀어 자유롭게 하는 일. 釋 풀 석 放 놓을 방    **독립** 한 나라가 정치적으로 완전한 주권을 지니는 것. 獨 홀로 독 立 설 립    **힌두교** 인도 사람들이 믿는 종교. 브라흐마, 비슈누, 시바 같은 신을 섬긴다.    **이슬람교** '알라'를 하나뿐인 신으로 받들고 경전(종교의 가르침을 적은 책)인 〈코란〉을 따르는 종교.

---

**1** 이 글의 주인공 이름을 빈칸에 넣어 제목을 완성하세요.

제목

인도 독립의 지도자, ☐ ☐

**2** 다음 중 간디가 한 일이 <u>아닌</u> 것을 고르세요.

내용
파악

① 인도의 독립을 위해 앞장섰다.

② 군대를 동원하여 백인들의 인종 차별에 맞서 싸웠다.

③ 영국 정부가 만든 소금법에 반대해 '소금 행진'을 했다.

④ 영국 물건을 쓰지 말고, 국산품을 사용하자고 주장했다.

⑤ 나라의 분단을 막고자 힌두교와 이슬람교가 화합하도록 노력했다.

**3** 간디는 인도의 독립을 위해, 폭력을 쓰지 않고 평화적으로 저항하는 이 운동을 펼쳤습니다. 이 운동의 이름을 찾아 쓰세요.

내용
파악

**4** 영국의 지배에서 벗어났지만, 인도는 종교적 대립으로 나라가 둘로 나뉘었습니다. 그 두 나라를 쓰세요.

내용
파악

_____

**5** 다음은 간디의 영향을 받아 비폭력 저항 운동을 실천한 사람입니다. 이 사람은 누구인가요?

배경
지식

> 남아프리카공화국 최초의 흑인 대통령이자 인권 운동가다. 1950년대, 남아프리카에서는 인종 차별이 심했다. 흑인은 백인과 함께 대중교통을 이용할 수 없고, 백인이 사는 도시에 들어갈 수도 없었다. 이 사람은 흑인 차별 정책에 대해 비폭력 불복종 운동을 벌이다 감옥에 갇혔다. 27년간 감옥에서 편지를 써서 인권 운동을 펼쳐 인종 차별 정책의 폐지를 이끌어냈다.

① 링컨　　　　　　　② 베토벤　　　　　　　③ 넬슨 만델라

④ 슈바이처　　　　　⑤ 마틴 루터 킹

**6** 김구에 대한 설명을 읽고, 간디와 김구의 공통점과 차이점에 대해 <u>잘못</u> 말한 사람을 고르세요.

적용

> 김구는 우리나라의 독립운동가다. 일제 강점기에 상해 임시 정부에서 활동하면서 '한인 애국단'이라는 독립운동 단체를 이끌었다. 우리나라가 독립 직후에 38선을 경계로 남한과 북한으로 나뉘자 통일 정부를 세우기 위해 노력했다. 1949년에 안두희가 쏜 총에 맞아 목숨을 잃었다.
>
> * **한인 애국단** 일제의 중요한 인물을 암살(몰래 죽임)할 목적으로 만든 독립운동 단체.

① 현주: 조국의 독립을 위해 노력했다는 공통점이 있어.

② 예현: 안타깝게도 두 분 모두 총을 맞고 돌아가셨어.

③ 정혁: 폭력을 쓰지 않고 평화적인 방법으로 독립 운동을 했다는 점이 닮았어.

④ 중원: 두 분 모두 다른 나라에서도 활동을 하셨어.

⑤ 지웅: 독립 후에는 민족의 갈등을 해결하여 통일된 조국을 만들려고 노력했다는 점도 같아.

**1단계**　다음 낱말들의 뜻을 바르게 이으세요.

(1) 석방　　●　　　　　　　　　● ㉠ 구속된 사람을 풀어 자유롭게 하는 일.

(2) 탄원서　●　　　　　　　　　● ㉡ 어떤 힘에 굽히지 않고 맞섬.

(3) 저항　　●　　　　　　　　　● ㉢ 사정을 설명하여 도와주기를 바라는
　　　　　　　　　　　　　　　　　　내용을 담은 글이나 문서.

**2단계**　위에서 배운 낱말을 빈칸에 넣어 문장을 완성하세요.

(1) 사람들은 그의 누명을 벗겨 주려고 [　　　　　　　] 를 제출했다.

(2) 간디는 평화적인 방법으로 영국에 [　　　　　　　] 하였다.

(3) 안중근 의사는 일본군 포로를 [　　　　　　　] 해 주었다.

**3단계**　사진과 설명을 보고, 물건의 이름을 글에서 찾아 쓰세요.

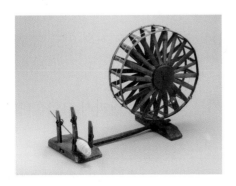

(1) 솜이나 털 같은 것에서 실을 뽑는 기구. 간디는
이것을 사용해 실을 뽑아 천을 만들고, 그 천으
로 옷을 지어 입었다.

[　][　]

- 때: 옛날
- 곳: 박 노인의 고기 가게
- 등장인물: 양반 1, 양반 2, 박 노인

옛날, 어느 마을에 '박바우'라는 노인이 살았습니다. 박 노인은 어릴 때부터 고기를 팔았습니다. 어느 날, 젊은 양반 두 명이 박 노인의 가게에 들어왔습니다. 먼저 온 양반이 박 노인에게 말하였습니다.

양 반 1: ( ㉠ ) 바우야, 쇠고기 한 근만 다오.

박 노인: ( ㉡ ) 네. 알겠습니다.

박 노인은 대답을 하고는 고기를 꺼내어 대충 잘라 주었습니다.

이어 조금 늦게 들어온 양반이 박 노인에게 **주문**했습니다.

양 반 2: ( ㉢ ) 박 **서방**, 쇠고기 한 근만 주시겠소?

박 노인: (웃으며) 네. 조금만 기다리세요.

박 노인은 가장 좋은 고기를 꺼내어 **뭉텅** 잘라 주었습니다. 먼저 온 양반이 보니 자기 고기보다 나중에 온 양반의 고기가 좋아 보이고 양도 훨씬 많아 보였습니다.

양 반 1: ( ㉣ ) 바우야! 똑같은 고기 한 근인데 어째서 이리 다르냐? 누구 것은 양도 많고 좋은데, 누구 것은 이 모양이니 말이다.

박 노인: ( ㉤ ) 양반님 고기는 바우 놈이 자르고, 저분 고기는 박 서방이 잘라서 그렇습니다.

- 전래 동화를 고쳐 쓴 ㉥ [                    ], 〈박바우와 박 서방〉

**근** 무게의 단위. 한 근은 약 600그램. 斤 근 근     **주문** 어떤 상품을 만들거나 팔도록 요구하는 일. 注 적을 주 文 글 문     **서방** 벼슬이 없는 사람을 부를 때, 성 뒤에 붙이는 말. 書 글 서 房 방 방     **뭉텅** 한 부분이 꽤 크게 잘리거나 끊어지는 모양.

---

**1**

글의 종류

연극을 하기 위해 쓴 글을 무엇이라고 부를까요? ㉂에 들어갈 낱말을 찾으세요.

① 시                ② 동화                ③ 소설

④ 희곡            ⑤ 수필

**2**

적용

이 글은 '해설', '지문', '대사'로 이루어져 있습니다. 설명을 읽고, 세 요소에 맞는 내용을 선으로 이으세요.

| 해설 |
| --- |
| (1) 시간적·공간적 배경, 등장인물, 무대와 장면을 설명하는 부분. |

•         • ㉮ (웃으며)

| 지문 |
| --- |
| (2) 인물의 동작, 표정, 말투 등을 설명하는 부분. |

•         • ㉯ 바우야, 쇠고기 한 근만 다오.

| 대사 |
| --- |
| (3) 등장인물이 하는 말. |

•         • ㉰ 때: 옛날 곳: 박 노인의 고기 가게

**3**

추론

양반 2의 성격을 가장 잘 나타내는 낱말을 찾으세요.

① 괴팍하다           ② 공손하다           ③ 쾌활하다

④ 사납다             ⑤ 수줍다

**4**

추론

이 글 속 시대 상황을 가장 잘 나타낸 문장을 찾으세요.

① 쇠고기가 매우 쌌다.

② 무게를 잴 수 있는 기구가 없었다.

③ 신분에 따라 상대에게 말을 높이거나 낮추었다.

④ 늦게 온 사람이 이익을 받았다.

⑤ 나이 많은 사람이 무시받았다.

**5**

추론

박 노인은 왜 양반 2에게 더 좋은 고기를 더 많이 주었을까요?

① 양반 2가 친절하고 예의 있게 말해서.

② 양반 2가 가난해 보여서.

③ 양반 2가 노인과 친해서.

④ 양반 2의 벼슬이 양반 1보다 높아서.

⑤ 박 노인이 실수로 고기를 잘못 잘라서.

**6**

추론

다음 낱말의 뜻을 보고, ㉠~㉤에 들어갈 말을 알맞게 짝지으세요.

| | | | |
|---|---|---|---|
| (1) | 겸손하게: 남을 존중하고 자기를 내세우지 않으며. | • | • ㉠ |
| (2) | 거만하게: 잘난 체하며 남을 하찮게 여기며. | • | • ㉡ |
| (3) | 건성으로: 성의 없이 대충. | • | • ㉢ |
| (4) | 태연하게: 머뭇거리거나 두려워할 상황에서도 아무렇지 않은 듯이. | • | • ㉣ |
| (5) | 버럭 화내며: 갑자기 소리를 지르거나 기를 써 화내며. | • | • ㉤ |

## 어휘력 기르기

**1단계**  다음 낱말의 뜻을 찾아 선으로 이으세요.

(1) 주문  •

(2) 서방  •

(3) 뭉텅  •

•  ㉠ 어떤 상품을 만들거나 팔도록 요구하는 일.

•  ㉡ 한 부분이 꽤 크게 잘리거나 끊어지는 모양.

•  ㉢ 벼슬이 없는 사람을 부를 때, 성 뒤에 붙이는 말.

**2단계**  위에서 배운 낱말을 빈칸에 넣어 문장을 완성하세요.

(1) 아버지는 식당에서 자장면과 볶음밥을 [            ] 하셨다.

(2) 어머니는 고기를 [            ] 잘라 삶으셨다.

(3) 양반은 박 노인을 '박 [            ]'이라고 불렀다.

**3단계**  다음 설명을 읽고, 띄어 써야 할 곳에 모두 ∨표 하세요. 괄호 안의 수만큼 표시하세요.

> 사람이나 사물을 부르는 말을 '호칭어'라고 합니다. 사람 이름이나 성 뒤에 호칭어를 쓸 때에는 앞말과 띄어야 합니다.
>
> 예 박 ∨ 노인, 박 ∨ 서방, 이희진 ∨ 부장, 박성현 ∨ 교수

(1) 강선생과정박사가발표하겠습니다. (4)

(2) 나는세종대왕과이순신장군을존경한다. (5)

**앞부분 내용:** 노마가 구슬 한 개를 잃어버렸는데 아무리 찾아도 없었습니다. 누가 가져간 게 아닐까 하는 생각이 드는 순간, 담 **모퉁이**에서 기동이를 만났습니다.

"너, 내 구슬 봤니?" / "무슨 구슬 말이야?"

"파란 유리구슬 말야." / "난 못 봤다."

그러나 노마는 그 말을 정말로 듣지 않나 봅니다. 여전히 기동이 조끼 주머니를 보고, 두 손을 보고 합니다.

그러다가 노마는 입을 열어 또 물었습니다.

"너, 구슬 가진 것 좀 보자." / "그건 봐 뭣 해."

"보면 어때." / "봐 뭣 해."

하고 기동이는 ㉠ 조끼 주머니를 손으로 가립니다.

정말 기동이가 그 구슬을 얻어 제 것처럼 가졌나 봅니다. 아니면 **선선하게** 보이지 못할 게 뭡니까.

노마는 더욱 ㉡ [　　　　　] 이 났습니다. 그래서,

"내가 잃어버린 구슬 네가 집었지?" / "언제 네 구슬을 내가 집었어?"

"그럼 보여 주지 못할 게 뭐야?"

그제야 기동이는 하는 수 없나 봅니다. "자아." 하고 조끼 주머니에서 구슬을 꺼내 보입니다. 하나를 꺼냅니다. 둘을 꺼냅니다. 셋, 다섯도 넘습니다. 모두 똑같은 모양, 똑같은 빛깔입니다. 노마가 잃어버린, 모두 똑같은 그런 파란 유리구슬입니다.

어쩌면 그중에 노마가 잃어버린 구슬이 섞여 있을 **성싶습니다.** 그래서 노마는,

"너, 이 구슬 다 어디서 났니?"

"어디서 나긴 어디서 나. 다섯 개는 가게서 사고 한 개는 영이가 준 건데, 뭐."

**"거짓부렁.** 영이가 널 구슬을 왜 줘?"

"그럼 영이한테 가서 물어봐."

그래서 노마와 기동이는 영이를 찾아가기로 했습니다. 담 모퉁이를 돌아서 골목 밖으로 나갔습니다. 그리고 조그만 **도랑** 앞엘 왔습니다.

그런데 그 도랑물 속에 무엇이 햇빛에 번쩍하는 것이었습니다. 유리구슬 같습니다.

정말 유리구슬입니다. 바로 노마가 잃어버린 그 구슬입니다.

"네 구슬 여기다 두고, 왜 남보고 집었다고 그러는 거야."

하고, 기동이가 바로 **을러메는데**도 할 말이 없습니다. 그만 노마는 얼굴이 벌게지고 말았습니다.

– 현덕, 〈 ⓛ 〉

**모퉁이** 구부러지거나 꺾어져 돌아간 자리.　　**선선하게** 성질이나 태도가 까다롭지 않고 시원스럽게.
**성싶습니다** ~것 같습니다.　　**거짓부렁** '거짓말'을 천하게 이르는 말.　　**도랑** 매우 좁고 작은 개울.
**을러메는데** 상대를 세차게 위협하는데.

---

**1**

제목

ⓛ에 들어갈 말은 이 글의 제목이기도 합니다. 알맞은 낱말을 찾으세요.

① 겁　　　　　② 의심　　　　　③ 욕심

④ 심술　　　　⑤ 성질

**2**

내용
파악

노마가 잃어버린 것은 무엇인가요? 이 글에서 찾아 네 글자로 쓰세요.

☐ ☐ ☐ ☐

**3**

추론

기동이는 왜 ㉠과 같이 행동했을까요?

① 노마가 구슬을 줄까 봐.

② 사실은 주머니에 아무것도 없어서.

③ 노마에게 구슬을 보여 주기 싫어서.

④ 노마의 구슬을 가져간 것이 들통날까 봐.

⑤ 구슬이 너무 많아서.

**4** 노마가 자신의 구슬을 찾은 곳은 어디인가요?

내용
파악

┌─────────────────────────────┐
│                             │
└─────────────────────────────┘

**5** 이 글의 내용과 <u>다른</u> 것을 고르세요.

내용
파악

① 노마는 유리구슬을 잃어버렸다.

② 영이는 기동이에게 구슬 한 개를 주었다.

③ 노마와 기동이는 영이를 찾아가기로 했다.

④ 노마는 기동이가 자신의 구슬을 가져가는 것을 보았다.

⑤ 노마는 기동이가 자신의 구슬을 가져갔다고 의심했다.

**6** 기동이에 대한 노마의 마음 변화를 바르게 나타낸 것을 고르세요.

추론

① 의심 → 미안함          ② 부러움 → 안타까움

③ 고마움 → 놀라움        ④ 안타까움 → 대견함

⑤ 의심 → 부러움

**7** 이 글에서 얻을 수 있는 교훈을 가장 알맞게 말한 사람은 누구인가요?

주제

① 재석: 친구의 말을 모두 믿어서는 안 돼.

② 차열: 친구끼리 거짓말을 하지 말아야 해.

③ 윤주: 친구가 준 물건을 함부로 받지 말아야 해.

④ 은동: 친구가 궁금해하는 건 뭐든 다 알려 줘야 해.

⑤ 서영: 친구를 함부로 의심하면 안 돼.

## 어휘력 기르기

**1단계**  다음 낱말들의 뜻을 바르게 이으세요.

(1) 모퉁이 •　　　　　　　　　　• ㉠ 상대를 세차게 위협하는.

(2) 선선하게 •　　　　　　　　　• ㉡ 구부러지거나 꺾어져 돌아간 자리.

(3) 을러메는 •　　　　　　　　　• ㉢ 성질이나 태도가 까다롭지 않고 시원스럽게.

**2단계**  위에서 배운 낱말을 빈칸에 넣어 문장을 완성하세요.

(1) 내가 거짓말을 했다고 때릴 듯이 ☐☐☐☐☐☐☐☐ 형이 무서웠다.

(2) 주영이는 내가 묻는 말에 ☐☐☐☐☐☐☐ 대답했다.

(3) 저 ☐☐☐☐☐☐ 를 돌면 학교가 보일 거예요.

**3단계**  아래 설명을 읽고, 문장과 어울리는 낱말에 동그라미 하세요.

> **잃어버리다**: 가졌던 물건이 자기도 모르게 없어져 그것을 갖지 못하다.
>
> **잊어버리다**: 기억하지 못하다.

(1) 어머니께서 꼭 챙기라고 하셨던 말씀을 (잃어버리고 / 잊어버리고) 우산을 안 가져왔다.

(2) 누가 훔쳐 가서 자전거를 (잃어버렸다 / 잊어버렸다).

● 4단계 사진 및 광고 출처

| 쪽수 | 사진 | 출처 |
|---|---|---|
| 10 | 요령식 동검(비파형 동검), 반달 돌칼, 빗살무늬 토기, 쇠 손 칼, 주먹도끼, 청동 잔무늬 거울 | 국립중앙박물관 |
| 16 | 가장 가벼운 총, 초라한 유산 | 한국방송광고진흥공사 |
| 58 | 백제금동대향로 | 국립중앙박물관 |
| 72 | 청자 상감 물가 풍경 매화 대나무 무늬 주전자, 분청사기 조화 물고기무늬 병, 백자 병 | 국립중앙박물관 |
| 74 | 백자 철화 풀 꽃무늬 각병, 백자 청화 국화 벌무늬 병, 백자 태항아리와 태지석 | 국립중앙박물관 |
| 96 | 움집 | https://commons.wikimedia.org/wiki/File:Bronze-age_Pit_House_No.2_in_Dunsan_prehistoric_site.jpg |
| 96 | 갈판과 갈돌 | 촬영연도: 2014, 촬영기관: 한국관광공사, https://www.kogl.or.kr/recommend/recommendDivView.do?atcUrl=keyword&recommendIdx=258 |
| 98 | 빗살무늬토기 | 국립중앙박물관 |
| 159 | 물레 | 국립민속박물관 |

# 독해력 비타민

## 기초편

40회로
완성하는
**독해력**

초등국어
**4단계**

# 정답과 해설

## 1회 옛날 사람들이 사용한 도구 8쪽

1. 도구

2. ④

3. ①

4. (1) ○

   (2) ○

   (3) ✕

   (4) ○

   (5) ✕

5. (1) 동검

   (2) 반달

6. ③ → ① → ④ → ②

### 어휘력 기르기

1단계 (1) ㉢, (2) ㉡, (3) ㉠

2단계 (1) 가축, (2) 제사, (3) 장신구

3단계 (1) 무기, (2) 구석기, (3) 구리

4. (3) 신석기에도 뗀석기를 사용했다. 하지만 돌을 갈고
   다듬어 만든 것은 뗀석기가 아니라, 간석기다.

6. ③ 주먹 도끼(구석기 시대) → ① 빗살무늬 토기(신석
   기 시대) → ④ 청동 거울(청동기 시대) → ② 철로 만
   든 칼(철기 시대)

## 2회 문장의 종류 12쪽

1. ①

2. ②

3. ③, ⑤

4. (1) 설명

   (2) 느낌

   (3) 청유문

5. ④

6. (1) 평서문 •　　　　　• ㉠ 현진이는 지금 어디
   　　　　　　　　　　　에 있어?

   (2) 의문문 •　　　　　• ㉡ 시끄러우니 조용히
   　　　　　　　　　　　좀 해라.

   (3) 명령문 •　　　　　• ㉢ 화분에서 새싹이 나
   　　　　　　　　　　　오기 시작했어.

7. ⑤

### 어휘력 기르기

1단계 (1) ㉠, (2) ㉢, (3) ㉡

2단계 (1) 의도, (2) 요구, (3) 상황

3단계 (1) ①, (2) ②

3. 느낌을 강하게 나타낼 때에는 느낌표를, 약하게 나타
   낼 때에는 마침표를 쓴다.

7. ⑤ 명령문.

1. ②

2. ④

3. ⑤

4. ①

5. ⑤

6. ③

7. ③

어휘력 **기르기**

1단계 (1) ©, (2) ⊙, (3) ©

2단계 (1) 분해, (2) 위협, (3) 유산

3단계 (1) 자부심, (2) 공포심, (3) 공익

4. ① 본문과 같은 공익 광고는 읽는 이의 생각이나 행동에 변화를 줄 목적으로 만들어진다. 논설문도 이와 같은 목적으로 쓰는 글이다.

5. [가]의 주제는 '플라스틱 빨대 사용을 줄이자'다. [나]의 주제는 '일회용품 사용을 줄이자'다. [가]와 [나]는 모두 공익 광고다.

6. [가]의 주제는 '플라스틱 빨대 사용을 줄이자'다. 이 주제를 뒷받침하는 예로, 바다 생물에게는 플라스틱 빨대가 생명의 위협이 되고 있음을 말하였다.

1. ③

2. ⑤

3. ④

4. 할머니

5. (1) • → © 필리핀

    (2) • → © 베트남

    (3) • → © 몽골

6. ②

7. (1) 개망초

    (2) 달맞이꽃

    (3) 아까시나무

어휘력 **기르기**

1단계 (1) ©, (2) ⊙

2단계 (1) 장가, (2) 시집

3단계 (1) 알림장, (2) 초대장, (3) 표창장

2. ④ 외국에서 온 나영이 엄마, 준희 엄마, 영호 아저씨의 각시의 처지를, 귀화 식물인 아까시나무, 달맞이꽃, 개망초의 상황에 빗대어 나타내었다.

6. ① 다육 식물: 잎이나 줄기 속에 수분을 많이 가지고 있는 식물. 건조하거나 소금기가 많은 지방에서 자란다.

③ 관엽 식물: 잎사귀의 모양이나 빛깔의 아름다움을 보고 즐기기 위하여 재배하는 식물.

④ 지피 식물: 지표를 낮게 덮는 식물을 통틀어 이르는 말.

⑤ 구근 식물: 알뿌리(땅속에 있는 뿌리나 줄기나 잎이 달걀 모양으로 커져 양분을 저장한 것)가 있는 식물을 통틀어 이르는 말.

7. (3) '아카시아'라고도 불린다. 정식 명칭은 '아까시 나무'다.

1. ③
2. 노인, 음식
3. ④
4. ④
5. ⑤
6. ⑤
7. ②

**어휘력 기르기**

1단계 (1) ㉢, (2) ㉡, (3) ㉠

2단계 (1) 성직자, (2) 궁전, (3) 지하실

3단계 (1) 묶, (2) 묵

6. ① 막내아들은 노인과 음식을 나눠 먹을 정도로 욕심이 적고 친절하다.

② 큰딸이 황금 거위에 달라붙어 공주가 웃은 것은 사실이다. 하지만 큰딸은 황금 거위를 훔치려다가 달라붙었으므로 감사할 일은 아니다.

7. 본문의 내용과 가장 관계가 적은 내용을 찾는다.

①, ③, ⑤는 이 글의 한 부분을 읽으며 품을 수 있는 의문이다. ④는 이 글의 주제와 관련하여 가질 수 있는 질문이다.

## 6회 퇴적암 28쪽

1. ④

2. ①

3. (1) 자갈

  (2) 사암

  (3) 암염

4. 셰일

5. ⑤

6. ③

7. ② → ① → ④ → ③

### 어휘력 기르기

1단계 (1) ⓒ, (2) ⓒ, (3) ㉠

2단계 (1) 바위, (2) 모래, (3) 자갈

3단계 (1) 암벽, (2) 암염

5. ⑤ 물속에 살던 동물의 사체가 물에 녹아 있다가 가라앉아 만들어진 석회암은 화학적 퇴적암이고, 동물의 뼈나 껍질이 물에 녹지 않고 그대로 쌓여 이루어진 석회암이 유기적 퇴적암이다. 따라서 석회암은 만들어지는 방법에 따라 화학적 퇴적암에 속하기도, 유기적 퇴적암에 속하기도 한다.

## 7회 봄의 절기에는 무엇이 있을까? 32쪽

1. 봄, 절기

2. ④

3. ③

4. ⑤

5. 청명

6. ②

7. ⑤

### 어휘력 기르기

1단계 (1) ⓒ, (2) ㉠, (3) ⓒ

2단계 (1) 초목, (2) 풍속, (3) 표준

3단계 (1) ②, (2) ①, (3) ③

3. ③ 동지: 양력 12월 22일쯤으로, 일 년 중 낮이 가장 짧고 밤이 가장 긴 날. 집에서는 팥죽을 쑤어 먹는다.

1. 학교

2. ②

3. ⑤

4. ④

5. ①

6. ③

7. ③

### 어휘력 기르기

1단계 (1) ⓒ, (2) ⓐ, (3) ⓑ

2단계 (1) 중독, (2) 소통, (3) 안건

3단계 (1) 자신감, (2) 위화감

2. ① 토의, ③ 공표, ④ 설득, ⑤ 공동 연구

5. ① 정연이는 토론의 사회자다. 사회자는 한쪽 의견에 치우치지 않고 토론을 공정하게 진행해야 한다.

6. ①, ②, ④, ⑤는 찬성 의견의 근거로 쓰일 수 있다.

7. ① 성현의 주장과 근거에 어울리는 상황이다.
   ② 은석의 주장과 근거에 어울리는 상황이다.
   ④ 성우의 주장과 근거에 어울리는 상황이다.

1. ①

2. ③

3. ③

4. ④

5. ②

6. ⑤

7. ①

### 어휘력 기르기

1단계 (1) ⓒ, (2) ⓐ, (3) ⓑ

2단계 (1) 둥실둥실, (2) 다독다독, (3) 번쩍

3단계 (1) 떼, (2) 때

2. ④ 1연과 2연에서 바다를 사람처럼 나타냈다. 또 1연의 '파도가 칭얼거려도'에서는 파도를 사람처럼 표현했다.
   ⑤ 1연은 바다를 엄마에, 2연은 아빠에 빗대어 나타냈다.

4. 이 시의 분위기를 묻는 문제. 시의 분위기를 파악했다면 그에 맞는 목소리로 낭송해 본다.

6. 엄마가 포근히 안아 주는 모습, 내가 칭얼거려도 달래 주는 엄마의 모습, 무거운 물건도 번쩍 드는 아빠의 모습, 내가 공중에 뜰 만큼 높이 드는 아빠의 모습. 이런 모습과 비슷한 경험을 찾는다.

7. ① 'ⓐ은 ⓑ이다'의 표현법은 은유법이다.

1. ③

2. ⑤

3. (친구의) 공책

4. ④

5. (1) ✕

　(2) ○

　(3) ○

　(4) ✕

　(5) ✕

　(6) ○

6. ①

7. ②

**어휘력 기르기**

1단계 (1) ㉠, (2) ㉢, (3) ㉡

2단계 (1) 외모, (2) 외출, (3) 외투

3단계 (1) 법정, (2) 감정, (3) 감옥

2. ⑤ 아들이 잘못을 처음 저질렀을 때 어머니가 혼내고 타일렀다면, 바늘 도둑이 소도둑 되는 일은 생기지 않았을 수 있다. 호미(짧은 훈계)로 막을 것을 가래(법의 처벌)로도 막기 어려워졌다.

6. 7. 이 글의 주제는 둘로 나누어 볼 수 있다. 먼저 아들을 중심으로 보면, '자신의 잘못을 남에게 돌리지 말고, 나쁜 습관은 어릴 때 고치자'다. 어머니를 중심으로 보면, '자식이 잘못을 저지르면 옳은 길로 갈 수 있게 잘 타이르자'다. 이 두 주제를 바탕으로 생각해 본다.

1. ④

2. (1) ✕

　(2) ○

　(3) ○

　(4) ○

　(5) ✕

3. ②

4. (1) 살갗 – 피부　　　　　㉠
　(2) 두껍다 – 얇다　　　　㉡
　(3) 동물 – 고양이　　　　㉢

5. ③

6. (1) ①　　㉠
　　②　　㉡　　동

　(2) ①　　㉠
　　②　　㉡　　다

7. 눈

**어휘력 기르기**

1단계 (1) ㉡, (2) ㉠

2단계 (1) 틈, (2) 산울림

3단계 (1) ④, (2) ①, (3) ②, (4) ③

5. 채소: 밭에서 기르는 농작물.

6. (1) ㉠과 ㉡의 뜻은 서로 아무 관계가 없다.

　(2) ㉠은 '다리'의 중심 의미, ㉡는 주변 의미다.

# 12회 시민 단체 52쪽

1. ④

2. ③

3. ①

4. ②

5. ①

6. (1) ②

　 (2) ①

### 어휘력 기르기

1단계 (1) ⓒ, (2) ⓒ, (3) ⓐ

2단계 (1) 호소, (2) 자발적, (3) 대안

3단계 (1) 보전, (2) 복지

2. ② 시민 단체는 나라에서 지원금을 받기도 하지만, 주로 회원들의 회비와 기부금 등으로 운영된다.

# 13회 부여에 다녀와서 쓴 편지 56쪽

1. ⑤

2. ③

3. ③

4. 낙화암

5. ④

6. ②

7. 부여왕릉원

### 어휘력 기르기

1단계 (1) ⓐ, (2) ⓒ, (3) ⓑ

2단계 (1) 도굴, (2) 유적지, (3) 상설

3단계 (1) ②, (2) ①

1. ⑤ 글쓴이가 부여에 가서 보고, 듣고, 느낀 점을 쓴 글이다. 따라서 내용상으로는 기행문이라고 할 수 있다.

2. 기행문의 3요소는 여정, 견문, 감상이다.

　② 여정: 여행의 과정이나 일정.

　③ 견문: 보거나 들어 얻은 지식.

　④ 감상: 마음속에서 일어나는 느낌이나 생각.

3. ③ 미륵사지는 백제 때의 절 미륵사가 있던 자리다. 전라북도 익산시에 있으며, 우리나라 석탑 가운데 가장 크고 오래된 '미륵사지 석탑'이 남아 있다.

5. ④ 익산의 미륵사지 석탑도 백제의 석탑이다.

1. ①

2. ③

3. 1

4. ④

5. ⑤

6. ②

7. (1) 텃밭

　(2) 이상

　(3) 쌈

**어휘력 기르기**

1단계 (1) ㉡, (2) ㉢, (3) ㉠

2단계 (1) 이상, (2) 농약, (3) 텃밭

3단계 (1) 무공해, (2) 무조건

5. ①~④는 구멍이 뚫리는 소리나 모양을 나타내는 말이다.

　⑤ 총총: ㉠ 발걸음을 매우 바삐 걷는 모양.

　　　　　㉡ 촘촘하고 많은 별빛이 또렷또렷한 모양.

　　　　　㉢ 몹시 급하고 바쁜 모양.

　　　　　㉣ 들어선 모양이 빽빽한 모양.

1. 화목한

2. ④

3. ③

4. ②

5. ①

6. ①, ④

7. ⑤

**어휘력 기르기**

1단계 (1) ㉢, (2) ㉠, (3) ㉡

2단계 (1) 고삐, (2) 여물, (3) 옥신각신

3단계 (1) 메고, (2) 매어

3. ③ 어떤 일이 생기면, 이 서방네 식구들은 남을 탓하지 않고 그 일의 문제점을 자신에게서 찾았다. 상대에게 이렇게 말하면 상대도 같은 식으로 말했다.

① 소 잃고 외양간 고친다: 일이 이미 잘못된 뒤에는 손을 써도 소용이 없음을 이르는 말.

② 고래 싸움에 새우 등 터진다: 강한 자들끼리 싸우는 통에 아무 상관도 없는 약한 자가 중간에 끼어 해를 당함을 비유적으로 이르는 말.

④ 간에 붙었다 쓸개에 붙었다 한다: 자기에게 조금이라도 이익이 되면 이편에 붙었다 저편에 붙었다 함을 비유적으로 이르는 말.

⑤ 낮말은 새가 듣고 밤말은 쥐가 듣는다: 아무도 안 듣는 데서라도 말조심해야 한다는 말.

## 16회 무게와 질량 68쪽

1. 질량

2. ③

3. (1) 양

   (2) kg중

4. ⑤

5. ②

6. ①

7. ㉢

### 어휘력 기르기

1단계 (1) ㉡, (2) ㉠, (3) ㉢

2단계 (1) 측정, (2) 일상, (3) 중력

3단계 (1) 표면, (2) 내면

2. ③ 일상생활에서는 거의 구분하지 않고 사용하지만, 'kg중'은 질량의 단위, 'kg'은 무게의 단위이므로 엄연히 다르다.

4. 질량이 커질수록 무게도 커진다. 따라서 질량이 가장 큰 것이 가장 무겁다.

6, 7. 지구는 자전한다. 이렇게 도는 물체에는 원심력 (원의 바깥으로 나가려는 힘)이 생긴다. 따라서 원심력이 가장 큰 곳에서 무게가 가장 적게 나간다. 지구에서는, 적도 부근이 원심력이 가장 강하다.

## 17회 우리나라의 도자기 72쪽

1. 도자기

2. ⑤

3. 상감 (기법)

4. ②

5. ①

6. (1) 철화 백자

   (2) 청화 백자

   (3) 순백자

### 어휘력 기르기

1단계 (1) ㉡, (2) ㉠, (3) ㉢

2단계 (1) 도공, (2) 유약, (3) 기품

3단계 (1) 수입품, (2) 기념품, (3) 공예품

1. ③

2. ④

3. ②

4. 어린이

5. ② → ③ → ① → ④

6. 색동회

7. ⑤

**어휘력 기르기**

1단계 (1) ㉢, (2) ㉡, (3) ㉠

2단계 (1) 과로, (2) 동료, (3) 상인

3단계 (1) ②, (2) ①

3. ① 이순신: 조선 시대의 장군. 임진왜란 때 왜적을 물리쳤다.

② 유관순: 독립운동가. 3·1 운동에 참여한 뒤, 천안에 내려가 독립 만세 운동을 이끌었다.

③ 장영실: 조선 시대의 과학자. 간의, 혼천의, 측우기 등을 만들었다.

④ 안중근: 독립운동가. 1907년에 러시아로 건너가 독립운동에 참여하고, 1909년에 이토 히로부미를 사살했다. 독립운동을 하였으나, 3·1 운동이 일어나기 9년 전인 1910년에 사망했다.

⑤ 세종 대왕: 조선 제4대 왕. 훈민정음을 만들었으며, 측우기, 해시계 같은 과학 기구를 제작하게 했다.

1. ①

2. ②

3. ③

4. ⑤

5. ④

6. ⑤

7. ①

8. (1) 연기

(2) (옛)이야기

(3) 감자

(4) 굴뚝

**어휘력 기르기**

1단계 (1) ㉢, (2) ㉡, (3) ㉠

2단계 (1) 깜박깜박, (2) 살랑살랑, (3) 뭉게뭉게

3단계 (1) 숟, (2) 숯

2. ㉡ 뒤에 쓰인 말을 통해 ㉡의 뜻이나 쓰임을 추측한다. '연기 대낮에 솟나'를 통해 연기가 솟는 모양을 나타내는 말이라는 것을 알 수 있다.

4. ② 시에서 리듬을 만들기 위해 같은 낱말이나 글자를 반복하기도 하고, 글자 수를 반복하기도 한다. 1연과 3연은 전체적으로 비슷하다. 이렇게 시의 처음과 끝에 같은 구절을 반복하는 방법을 '수미상관법'이라고 한다. 또 한 행을 보면, 매 행의 글자 수가 '3(4) / 4(3) / 5'로 이루어져 있다. 이렇게 매 행을 세 번에 나누어 읽으면 리듬감을 느낄 수 있다.

5. ④ 말하는 이는 가난하지만 정답게 지내고 있는 마을 총각들의 모습을 따스하게 표현하였다.

## 20회  은 세 근 이야기　84쪽

1. ②

2. (1) 12

(2) 9

(3) 3

(4) 12 − 9 = 3

3. ㄹ

4. (1) 3

(2) 12

5. (1) ○

(2) ×

(3) ○

6. ④

7. ⑤

1단계 (1) ㉡, (2) ㉠, (3) ㉢

2단계 (1) 핀잔, (2) 청렴, (3) 논의

3단계 (1) ①, (2) ②

---

3. ㄹ은 현덕수, 나머지는 노극청이 한 말이다.

6. ④ 노극청은 집을 은 아홉 근에 사서 수리한 곳도 없으니 집값을 은 아홉 근만 받겠다고 했다.

## 5주차

## 21회  지도　88쪽

1. ③

2. ⑤

3. ④

4. ④

5. (1) 과수원

(2) 병원

(3) 공장

6. ②

7. ⑤

1단계 (1) ㉠, (2) ㉡, (3) ㉢

2단계 (1) 실제, (2) 표면, (3) 경사

3단계 (1) ②, (2) ①

---

6. ② 축척은 실제의 거리를 지도에 얼마나 줄여 나타냈는지를 알려주는 표시다. 주어진 예에서, 지도상의 1cm는 실제로는 1km(100,000cm)다. 따라서 축척은 '1:100,000'이다.

④ ⑤ 보기의 축척은 1:100,000이다. 따라서 1:10,000보다 소축척이다. 소축척 지도는 대축척 지도에 비해 넓은 지역을 간략하게 나타낸다.

7. ① ② ④ ⑤ 높이가 가장 낮은 곳은 녹색, 그보다 높아질수록 연두색, 노란색, 갈색, 고동색 순으로 나타낸다.

③ 등고선의 간격이 넓은 것은 땅의 경사가 완만하다는 것을, 간격이 좁은 것은 경사가 급하다는 것을 나타낸다.

## 22회 엑스선 92쪽

1. ③

2. 뢴트겐

3. (1) ×

   (2) ○

   (3) ×

   (4) ○

   (5) ○

4. 전자(기)파

5. ④

6. ⑤

7. 자외선

### 어휘력 기르기

1단계 (1) ㉡, (2) ㉢, (3) ㉠

2단계 (1) 투과, (2) 부식, (3) 마모

3단계 (1) 충치, (2) 영구치, (3) 영아, (4) 태아

3.(3) 얼굴을 심하게 다친 경우, 충치나 영구치의 상
태를 알아보는 경우 등에는 얼굴에도 엑스선 촬영
을 한다. 하지만 엑스선 촬영을 짧은 시기에 여러
번 하는 것은 피하는 것이 좋다.

## 23회 문화유산 답사 보고서 96쪽

1. ③

2. ②

3. ⑤

4. ④

5. 빗살무늬 토기

6. ③

7. ①

### 어휘력 기르기

1단계 (1) ㉡, (2) ㉢, (3) ㉠

2단계 (1) 곡식, (2) 답사, (3) 토기

3단계 (1) 유적, (2) 유물

2.② 답사 보고서는 답사 이후에 쓴다.

4.④ 수확: 논밭에 심어 가꾼 곡식이나 채소를 거두
어들임.

갈판과 갈돌은 곡식이나 열매 등의 껍질을 벗기거
나 가루로 만드는 데에 쓰였다.

### 어휘력 기르기

3단계 (1) 고인돌: 큰 돌을 몇 개 둘러 세우고 그 위에
넓적한 돌을 덮어 놓은 선사 시대의 무덤.

## 24회 우리 집 100쪽

1. ⌜3⌝연 ⌜18⌝행

2. ②

3. ③

4. 농사꾼

5. ⑤

6. ④

7. 초가집

### 어휘력 기르기

1단계 (1) ㉠, (2) ㉢, (3) ㉡

2단계 (1) 산골, (2) 가난, (3) 식구

3단계 (1) 게으름뱅이, (2) 가난뱅이

5. ⑤ 찌그러진 오막살이집에서 살 만큼 현실은 힘들지만 어른이 되어서는 커다랗고 훌륭하게 다시 지을 거라는 희망을 내보이고 있다.

6. ⑤ '가난뱅이 농사꾼의 집', '굶주리는 집', '찌그러진 오막살이집', '작은 초가집' 등을 통해 가난한 현실을 나타내었다.

## 25회 멸치 대왕의 꿈 104쪽

1. ④

2. ②

3. ④

4. ⑤

5. ③

6. ③

7. ①

### 어휘력 기르기

1단계 (1) ㉡, (2) ㉠, (3) ㉢

2단계 (1) 모락모락, (2) 덩실덩실, (3) 그렁저렁

3단계 (1) ㉣, (2) ㉤, (3) ㉢, (4) ㉡, (5) ㉠

4. ⑤ 멸치 대왕 – 자신의 꿈을 듣기 좋게 풀이한 망둥 할멈의 말을 듣고는 기분이 좋아 춤을 추었다. 하지만 나쁘게 풀이한 넓적 가자미의 말을 듣고는 화가 나 가자미의 뺨까지 때렸다.

넓적 가자미 – 졸려서 대왕의 명령도 듣기 싫었다는 부분을 통해 가자미의 게으른 성격을 알아볼 수 있다. 또 망둥 할멈의 꿈풀이를 듣고 좋아하는 멸치 대왕의 모습을 보고도 꿈풀이를 나쁘게 하여 대왕이 화를 내게 했다. 멀리 서해까지 가서 망둥 할멈을 데리고 왔음에도 멸치 대왕은 자신의 공을 알아주지 않았다. 오히려 망둥 할멈이 대왕에게 관심을 받자 가자미는 망둥 할멈에게 질투를 느꼈다.

6. ③ 멸치 대왕은 넓적 가자미의 꿈풀이를 듣고 화를 내고 있다. 자신의 꿈을 나쁘게 풀이했기 때문이다.

## 26회 색의 세 가지 속성 108쪽

1. ③

2. ③

3. ④

4. 11

5. ④

6. ①

7. ⑤

**어휘력 기르기**

1단계 (1) ㉠, (2) ㉢, (3) ㉡

2단계 (1) 고유한, (2) 탁함, (3) 온전히

3단계 (1) ②, (2) ①

1. ③ 본문은 색의 세 가지 속성인 색상, 명도, 채도에 대해 설명한 글이다.

6. 가장 밝은 색을 찾는다.

7. 가장 선명한 색을 찾는다.

## 27회 5대 영양소 112쪽

1. 탄수화물, 단백질, 지방, 무기질, 비타민

2. ④

3. (1) ×

   (2) ○

   (3) ×

   (4) ○

   (5) ○

4. (1) 탄수화물 • | ㉠ 땅콩, 호두, 식용 기름
   (2) 단백질 • | ㉡ 사과, 귤, 감, 포도
   (3) 지방 • | ㉢ 밥, 고구마, 국수, 감자
   (4) 무기질 • | ㉣ 고기, 생선, 콩, 달걀
   (5) 비타민 • | ㉤ 우유, 바나나, 미역, 시금치

5. ①

6. 지방

**어휘력 기르기**

1단계 (1) ㉡, (2) ㉢, (3) ㉠

2단계 (1) 영양소, (2) 경련, (3) 면역력

3단계 (1) 야맹증, (2) 피로

3. (1) 지용성: 기름에 녹는 성질.

   수용성: 물에 녹는 성질.

4. 각 음식에는 여러 영양소가 들어 있다. 내용을 잘 파악했는지 알아보는 문제이므로, 본문에 실린 영양소와 음식의 관계만 생각한다.

1. ③

2. 무심코

3. ②

4. ④

5. ①

6. ②

7. ⑤

**어휘력 기르기**

1단계 (1) ⓒ, (2) ⓛ, (3) ⑦

2단계 (1) 헛되이, (2) 공평, (3) 우선순위

3단계 (1) 자신감, (2) 성취감, (3) 책임감

5. ⑦의 다음 문장을 보고 추리한다.

② 세월이 약: 속상하고 힘들었던 일도 시간이 지나면 잊게 된다는 말.

③ 호랑이에게 물려 가도 정신만 차리면 산다: 아무리 위급한 경우를 당하더라도 정신만 똑똑히 차리면 위기를 벗어날 수가 있다는 말.

④ 가장 바쁜 사람이 가장 많은 시간을 갖는다: 부지런히 노력하는 사람이 많은 대가를 얻는다는 말.

⑤ 사람 팔자 시간문제: 사람의 팔자는 순식간에 달라질 수 있으므로 그 앞날이 어떻게 될지 알 수 없음을 이르는 말.

6. ①, ⑤ 자신의 시간뿐 아니라, 다른 사람의 시간을 뺏는 것도 시간의 소중함을 제대로 알지 못하는 행동이다.

7. ① 삼삼오오: 서너 사람이나 대여섯 사람이 떼를 지어 다니는 모양.

② 삼한사온: 한국을 비롯하여 아시아의 동부, 북부에서 나타나는 겨울 기온의 변화 현상. 7일을 주기로 사흘 동안 춥고 나흘 동안 따뜻하다.

③ 이심전심: 마음과 마음으로 서로 뜻이 통함.

④ 일석이조: 돌 한 개를 던져 새 두 마리를 잡는다는 뜻으로, 동시에 두 가지 이득을 보는 것을 이르는 말.

## 29회 길 떠나는 날 120쪽

1. ②

2. ⑤

3. (1) ②

   (2) ①

4. ③

5. ③, ④

6.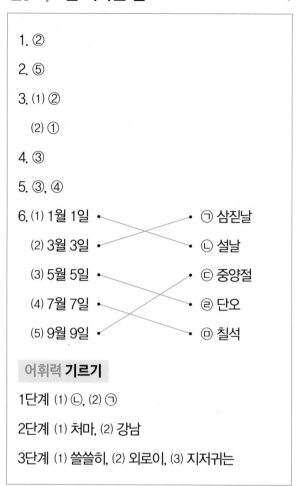

(1) 1월 1일 • → ㉢ 중양절
(2) 3월 3일 • → ㉠ 삼짇날
(3) 5월 5일 • → ㉣ 단오
(4) 7월 7일 • → ㉤ 칠석
(5) 9월 9일 • → ㉡ 설날

### 어휘력 기르기

1단계 (1) ㉡, (2) ㉠

2단계 (1) 처마, (2) 강남

3단계 (1) 쓸쓸히, (2) 외로이, (3) 지저귀는

1. 글의 내용을 대표할 수 있는 것으로 제목을 정한다. 따라서 이 시의 내용을 대표할 수 있으며, 가장 중요하게 쓰인 말을 찾는다. 시에서 가장 많이 쓰인 말이 제목으로 쓰이는 경우도 많다.

3. (1) ① 비둘기, (2) ② 굴뚝

5. 말하는 이는 떠나가는 제비의 모습에서 쓸쓸하고 외로운 감정을 느껴, 시에 '쓸쓸히'와 '외로이'를 썼다.

## 30회 옹고집전 124쪽

1. 옹고집

2. ③

3. ⑤

4. ④

5. ②

6. ② → ③ → ① → ④ → ⑤

### 어휘력 기르기

1단계 (1) ㉠, (2) ㉢, (3) ㉡

2단계 (1) 진위, (2) 부적, (3) 봉변

3단계 (1) 품, (2) 주문

2. ③ 인색하고 성질이 고약한 옹고집은 거지나 스님이 오면 문 앞에서 문전박대하여 쫓아냈다.

5. 이 글은 〈옹고집전〉이다. 악행을 일삼던 옹고집이 자신의 잘못을 뉘우치고 착한 사람이 되는 이야기다. 악한 일을 하면 벌을 받는다는 주제를 담고 있다. 옹고집은 마을에서 쫓겨나기 전과 후로 성격이 달라진다. 마을에서 쫓겨나기 전에는 인색하고 고약한 마음씨로 〈흥부전〉에 등장하는 '놀부'와 닮아 있다. 그러나 마을에서 쫓겨난 후에는 자신의 과거를 뉘우쳐 어머니께 효도하고 이웃에게 베푸는 착한 사람이 된다. 이러한 옹고집의 변화는 그가 하는 말이나 행동 등을 통해 알 수 있다.

## 31회 오존층 128쪽

1. ③

2. (1) 대기층

   (2) 생물

   (3) 오존

3. ④

4. 1992

5. 성층권

6. (1) 성층권

   (2) 대류권

어휘력 **기르기**

1단계 (1) ⓒ, (2) ⓛ, (3) ㄱ

2단계 (1) 실명, (2) 농도, (3) 기상

3단계 (1) 지표, (2) 지체, (3) 대체, (4) 대기

3. ④ 오존이 하나도 남지 않은 상황이 아니라 오존층
   이 얇어진 현상이다.

## 32회 판소리와 창극 132쪽

1. ②

2. ①

3. (1) 판소리

   (2) 창극

4. ④

5.

   (1) 소리 •　　　•ㄱ 소리꾼이 말로 전하는 이야기.

   (2) 아니리 •　　　•ⓛ 소리꾼의 노래에 고수가 흥을 돋워 주는 말.

   (3) 발림 •　　　•ⓒ 소리꾼이 부르는 노래.

   (4) 추임새 •　　　•ㄹ 소리꾼의 춤이나 몸짓.

6. (1) 여러

   (2) 북(북장단)

   (3) 이야기

어휘력 **기르기**

1단계 (1) ⓒ, (2) ⓛ, (3) ㄱ

2단계 (1) 소리꾼, (2) 관현악, (3) 고수

3단계 (1) ①, (2) ②

## 33회 에너지 자원을 절약하자
136쪽

1. ④
2. 화력
3. ②
4. ⑤
5. ①, ③
6. ④
7. ③

### 어휘력 기르기

1단계 (1) ⓒ, (2) ㉠, (3) ㉢

2단계 (1) 효율, (2) 폐지, (3) 문명

3단계 (1) 자원, (2) 자갈, (3) 고갈, (4) 고철

4. ① 태양열 발전은 태양열, ② 수력 발전은 물, ③ 조력 발전은 바닷물, ④ 풍력 발전은 바람을 이용한다. 이들 모두는 재생 에너지다. ⑤ 원자력 발전은 우라늄 등 방사능 물질을 사용하는 발전 방식이다.

6. ④ '문명의 이기'란 인간이 생활을 편리하게 하기 위해 물질적, 기술적, 사회적으로 만든 기구나 기계를 말한다. 돌멩이는 인간이 만든 기구나 기계가 아니다.

7. ③ 에너지 효율 등급은 전력이 공급될 때에 에너지를 얼마나 효율적으로 사용하는지 판단하는 기준이다. 1등급부터 5등급까지 있으며, 1등급에 가까운 제품일수록 효율이 높다.

## 34회 종달새
140쪽

1. 봄
2. ⑤
3. ③
4. ④
5. ①
6. ②
7. (1) 종달새
   (2) 어머니
   (3) 모래톱

### 어휘력 기르기

1단계 (1) ㉠, (2) ⓒ

2단계 (1) 모래톱, (2) 한종일

3단계 (1) 삼하, (2) 삼추, (3) 삼동

1. 추운 겨울 동안 얼었다 나왔다는 부분과 '봄날'이라는 시어를 통해 알 수 있다.

3. ① 한종일 논다는 표현을 통해 알 수 있다.
   ③ 종달새가 자신을 놀린다고 하므로 즐거운 마음을 나타낸다고 할 수 없다.

6. 어머니도 친구도 없이 홀로 놀 수밖에 없는 현실에서 쓸쓸함을 느낄 수 있다.

1. 그늘

2. ① → ⑤ → ② → ④ → ③ → ⑥

3. ⑤

4. ①

5. ②

6. ④

어휘력 **기르기**

1단계 (1) ㉢, (2) ㉣, (3) ㉠

2단계 (1) 화들짝, (2) 애걸복걸, (3) 버럭버럭

3단계 (1) ②, (2) ①

5. ② 영감은 그늘을 팔았지만 오히려 그 그늘 때문에 집도 빼앗기고 떠날 수밖에 없었다.

6. ④ 구두쇠 영감은 나무 그늘마저도 사람들과 함께 사용하기 싫어했다.

1. ②

2. (1) ○

  (2) ×

  (3) ×

  (4) ○

  (5) ○

3. ⑤

4. ③

5. ⑤

6. (1) 수요

  (2) 공급

  (3) 하락

  (4) 생산자

어휘력 **기르기**

1단계 (1) ㉢, (2) ㉠, (3) ㉣

2단계 (1) 이윤, (2) 재화, (3) 욕구

3단계 (1) ①, (2) ②

2. (1) 미용사가 소비자에게 육체적 노동을 제공했다.

  (3) 서비스는 생산된 재화를 나르거나 파는 일이지, 재화를 생산하는 일은 아니다.

  (4) 의사가 환자에게 육체적, 정신적 노동을 제공했다.

  (5) 강사가 학생에게 정신적 노동을 제공했다.

4. 가격이 오르는 상황은 크게 두 가지가 있다. ㉠ 수요가 늘어나는 상황, ㉡ 공급이 줄어드는 상황.

  ① 떡볶이의 공급이 늘었다.

  ② 종이 달력의 수요가 줄었다.

③ 씨 없는 포도의 수요가 늘었다.

④ 딸기의 공급이 늘었다.

⑤ 오징어의 공급이 늘었다.

5. 가격이 내리는 상황도 크게 두 가지가 있다. ㉠ 수요가 줄어드는 상황, ㉡ 공급이 늘어나는 상황.

① 빵의 공급이 줄었다.

② 배추의 공급이 줄었다.

③ 바나나의 공급이 줄었다.

④ 마스크의 수요가 늘었다.

⑤ 장갑의 수요가 줄었다.

## 37회 물 부족 해결 방법 152쪽

1. ③
2. ①
3. ①, ④
4. ②
5. ⑤
6. ④
7. ⑤

**어휘력 기르기**

1단계 (1) ㉠, (2) ㉢, (3) ㉡

2단계 (1) 조경, (2) 하천, (3) 세차

3단계 (1) 담수, (2) 용출수, (3) 용변

2. ① 오염된 토양에 비가 내리면 빗물은 토양의 오염 성분을 지니고 지하로 스며든다. 그러면 그 빗물이 지하수와 섞여 지하수까지 오염된다. 이때 지하댐이 있다면 지하수의 흐름을 막아 고여 있는 물 전체를 오염한다.

② 오히려 지하댐이 바닷물과 지하수를 차단하여 오염된 바닷물이 흘러들어오는 것을 막는다.

③ 지하댐이 지하수의 흐름을 막아 오히려 지하수의 양이 늘어난다.

④ 지하수가 바다로 흘러가는 것을 지하댐이 막는다.

⑤ 지하댐과 관련이 거의 없다.

5. ⑤ 상수도: 마실 물이나 공장 등에서 사용할 물을 관을 통하여 보내 주는 설비.

7. ⑤ 비행기로 드라이아이스를 구름 속에 뿌리거나 아이오딘화 은을 연기로 구름 속에 상승시켜 구름의 작은 입자를 큰 빗방울로 만들어 비가 내리게 한다.

1. 간디

2. ②

3. 사탸그라하(비폭력 불복종 운동)

4. 인도, 파키스탄

5. ③

6. ③

어휘력 기르기

1단계 (1) ㉠, (2) ㉢, (3) ㉤

2단계 (1) 탄원서, (2) 저항, (3) 석방

3단계 (1) 물레

2. ② 간디는 문제 3의 정답인 비폭력 불복종 운동을
펼쳤다.

5. ① 링컨(1809~1865): 미국의 제16대 대통령. 미
국 남북 전쟁에서 북군을 지도하였으며, 1863년에
노예 해방을 선언하였다.

② 베토벤(1770~1827): 독일의 작곡가. '악성(성
인이라고 부를 정도로 뛰어난 음악가)'이라는 별명
이 있을 정도로 실력이 뛰어났다.

④ 슈바이처(1875~1965): 아프리카 가봉에 병원
을 세워 원주민을 치료하는 등 인류 평화에 이바지
했다. 1952년에 노벨 평화상을 받았다.

⑤ 마틴 루터 킹(1929~1968): 비폭력주의를 지키
면서 흑인 차별을 없애기 위해 힘썼다. 1964년에
노벨 평화상을 받았다.

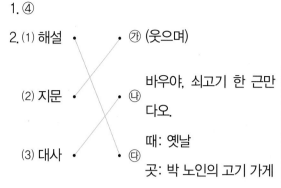

1. ④

2. (1) 해설 · — · ㉮ (웃으며)

(2) 지문 · — · ㉯ 바우야, 쇠고기 한 근만
다오.

때: 옛날

(3) 대사 · — · ㉰ 곳: 박 노인의 고기 가게

3. ②

4. ③

5. ①

6. (1) 겸손하게 · — · ㉠

(2) 거만하게 · — · ㉡

(3) 건성으로 · — · ㉢

(4) 태연하게 · — · ㉣

(5) 버럭 화내며 · — · ㉤

어휘력 기르기

1단계 (1) ㉠, (2) ㉢, (3) ㉤

2단계 (1) 주문, (2) 뭉텅, (3) 서방

3단계 (1) 강∨선생과∨정∨박사가∨발표하겠
습니다.

(2) 나는∨세종∨대왕과∨이순신∨장군
을∨존경한다.

3. ② 양반 2는, 신분은 낮지만 나이가 많은 박 노인
에게 공손히 주문하였다.

4. ① 이 글을 통해서는 알 수 없다.

② 옛날에도 저울은 있었다.

③ 옛날에는 사람들에게 신분이 있어, 그 계급대로
사람을 대했다. 추천 도서: 박지원 〈양반전〉

1. ②

2. 유리구슬

3. ③

4. 도랑물 속(도랑)

5. ④

6. ①

7. ⑤

### 어휘력 **기르기**

1단계 (1) ㉡, (2) ㉢, (3) ㉠

2단계 (1) 을러메는, (2) 선선하게, (3) 모퉁이

3단계 (1) 잊어버리고, (2) 잃어버렸다

---

1. ② 노마가 기동이를 '의심'해서 생긴 일이다.

6. ① 노마는 유리구슬을 잃어버려 기동이를 의심했다. 하지만 도랑물 속에서 자신의 유리구슬을 발견하고는 기동이에게 미안하고 부끄러워 얼굴이 벌게졌다.